陳福成著

陳福成著作全編

第三十三冊　嚴謹與浪漫之間

文史哲出版社印行

國家圖書館出版品預行編目資料

陳福成著作全編 / 陳福成著. -- 初版. --臺北市：文史哲,民 104.08
頁： 公分
ISBN 978-986-314-266-9（全套：平裝）

848.6　　104013035

陳福成著作全編

第三十三冊　嚴謹與浪漫之間

著　　者：陳　福　成
出 版 者：文　史　哲　出　版　社
http://www.lapen.com.tw
登記證字號：行政院新聞局版臺業字五三三七號
發 行 人：彭　正　雄
發 行 所：文　史　哲　出　版　社
印 刷 者：文　史　哲　出　版　社
臺北市羅斯福路一段七十二巷四號
郵政劃撥帳號：一六一八〇一七五
電話886-2-23511028・傳真886-2-23965656

全 80 冊定價新臺幣 36,800 元

二〇一五年（民一〇四）八月初版

ISBN 978-986-314-266-9　08981

陳福成著作全編總目

壹、兩岸關係

①決戰閏八月
②防衛大台灣
③解開兩岸十大弔詭
④大陸政策與兩岸關係

貳、國家安全

⑤國家安全與情治機關的弔詭
⑥國家安全與戰略關係
⑦國家安全論壇。

參、中國學四部曲

⑧中國歷代戰爭新詮
⑨中國近代黨派發展研究新詮
⑩中國政治思想新詮
⑪中國四大兵法家新詮：孫子、吳起、孫臏、孔明

肆、歷史、人類、文化、宗教、會黨

⑫神劍與屠刀
⑬中國神譜
⑭天帝教的中華文化意涵
⑮奴婢妾匪到革命家之路：復興廣播電台謝雪紅訪講錄
⑯洪門、青幫與哥老會研究

伍、詩〈現代詩、傳統詩〉、文學

⑰幻夢花開一江山
⑱赤縣行腳・神州心旅
⑲「外公」與「外婆」的詩
⑳尋找一座山
㉑春秋記實
㉒性情世界
㉓春秋詩選
㉔八方風雲性情世界
㉕古晟的誕生
㉖把腳印典藏在雲端
㉗從魯迅文學醫人魂救國魂說起
㉘六十後詩雜記詩集

陸、現代詩（詩人、詩社）研究

㉙三月詩會研究
㉚我們的春秋大業：三月詩會二十年別集
㉛中國當代平民詩人王學忠
㉜讀詩稗記
㉝嚴謹與浪漫之間
㉞一信詩學研究：解剖一隻九頭詩鵠
㉟囚徒
㊱胡爾泰現代詩臆說
㊲王學忠籲天詩錄

柒、春秋典型人物研究、遊記

㊳山西芮城劉焦智「鳳梅人」報研究
㊴在「鳳梅人」小橋上

總序：陳福成的一部文史哲政兵千秋事業

陳福成先生，祖籍四川成都，一九五二年出生在台灣省台中縣。筆名古晟、藍天、司馬千、鄉下人等，皈依法名：本肇居士。一生除軍職外，以絕大多數時間投入寫作，範圍包括詩歌、小說、政治（兩岸關係、國際關係）、歷史、文化、宗教、哲學、兵學（國防、軍事、戰爭、兵法），及教育部審定之大學、專科（三專、五專）、高中（職）等各級學校國防通識（軍訓課本）十二冊。以上總計近百部著作，目前尚未出版者尚約二十部。

我的戶籍資料上寫著祖籍四川成都，小時候也在軍眷長大，初中畢業（民57年6月），投考陸軍官校預備班十三期，三年後（民60）直升陸軍官校正期班四十四期，民國六十四年八月畢業，隨即分發野戰部隊服役，到民國八十三年四月轉台灣大學軍訓教官。到民國八十八年二月，我以台大夜間部（兼文學院）主任教官退休（伍），進入全職寫作高峰期。

我年青時代也曾好奇問老爸：「我們家到底有沒有家譜？」

他說：「當然有。」他肯定說，停一下又說：「三十八年逃命都來不及了，現在有個鬼啦！」

兩岸開放前他老人家就走了，開放後經很多連繫和尋找，真的連鬼都沒有了，茫茫無垠的「四川北門」，早已人事全非了。

但我的母系家譜卻很清楚，母親陳蕊是台中縣龍井鄉人。她的先祖其實來台不算太久，按家譜記載，到我陳福成才不過第五代，大陸原籍福建省泉州府同安縣六都施盤鄉馬巷。

第一代祖陳添丁、妣黃媽名申氏。從原籍移居台灣島台中州大甲郡龍井庄龍目井字水裡社三十六番地，移台時間不詳。陳添丁生於清道光二十年（庚子，一八四〇年）六月十二日，卒於民國四年（一九一五年），葬於水裡社共同墓地，坐北向南，他有二個兒子，長子昌，次子標。

第二代祖陳昌（我外曾祖父），生於清同治五年（丙寅，一八六六年）九月十四日，卒於民國廿六年（昭和十二年）四月二十二日，葬在水裡社共同墓地，坐東南向西北。陳昌娶蔡匏，育有四子，長子平、次子豬、三子波、四子萬芳。

第三代祖陳平（我外祖父），生於清光緒十七年（辛卯，一八九一年）九月二十五日，卒於（年略記）二月十三日。陳平娶彭宜（我外祖母），生光緒二十二年（丙申，一八九六年）六月十二日，卒於民國五十六年十二月十六日。他們育有一子五女，長子陳火，長女陳變、次女陳燕、三女陳蕊、四女陳品、五女陳鶯。

以上到我母親陳蕊是第四代，到筆者陳福成是第五代，與我同是第五代的表兄弟姊妹共三十二人，目前大約半數仍在就職中，半數已退休。

寫作是我一輩子的興趣，一個職業軍人怎會變成以寫作為一生志業，在我的幾本著作都詳述（如《迷航記》、《台大教官興衰錄》、《五十不惑》等」。我從軍校大學時代開始寫，從台大主任教官退休後，全力排除無謂應酬，更全力全心的寫（不含為教育部編著的大學、高中職《國防通識》十餘冊）。我把《陳福成著作全編》略為分類暨編目如下：

壹、兩岸關係

①《決戰閏八月》②《防衛大台灣》③《解開兩岸十大弔詭》④《大陸政策與兩岸關係》。

貳、國家安全

⑤《國家安全與情治機關的弔詭》⑥《國家安全與戰略關係》⑦《國家安全論壇》。

參、中國學四部曲

⑧《中國歷代戰爭新詮》⑨《中國近代黨派發展研究新詮》⑩《中國政治思想新詮》⑪《中國四大兵法家新詮：孫子、吳起、孫臏、孔明》。

肆、歷史、人類、文化、宗教、會黨

⑫《神劍與屠刀》⑬《中國神譜》⑭《天帝教的中華文化意涵》⑮《奴婢妾匪到革命家之路：復興廣播電台謝雪紅訪講錄》⑯《洪門、青幫與哥老會研究》。

伍、詩〈現代詩、傳統詩〉、文學

⑰《幻夢花開一江山》⑱《赤縣行腳・神州心旅》⑲《「外公」與「外婆」的詩》、⑳《尋找一座山》㉑《春秋記實》㉒《性情世界》㉓《春秋詩選》㉔《八方風雲性情世界》㉕《古晟的誕生》㉖《把腳印典藏在雲端》㉗《從魯迅文學醫人魂救國魂說起》㉘《60後詩雜記詩集》。

陸、現代詩（詩人、詩社）研究

㉙《三月詩會研究》㉚《我們的春秋大業：三月詩會二十年別集》㉛《中國當代平民詩人王學忠》㉜《讀詩稗記》㉝《嚴謹與浪漫之間》㉞《一信詩學研究：解剖一隻九頭詩鵠》㉟《囚徒》㊱《胡爾泰現代詩臆說》㊲王學忠籲天詩錄。

柒、春秋典型人物研究、遊記

㊳《山西芮城劉焦智「鳳梅人」報研究》㊴《在「鳳梅人」小橋上》㊵《我所知道的孫大公》㊶《孫大公思想主張手稿》㊷《金秋六人行》㊸《漸凍勇士陳宏》。

捌、小說、翻譯小說

㊹《迷情・奇謀・輪迴》㊺《愛倫坡恐怖推理小說》。

玖、散文、論文、雜記、詩遊記、人生小品

㊻《一個軍校生的台大閒情》㊼《古道・秋風・瘦筆》㊽《頓悟學習》㊾《春秋正義》㊿《公主與王子的夢幻》(51)《迴游的鮭魚》(52)《男人和女人的情話真話》(53)《台灣邊陲之美》(54)《最自在的彩霞》(55)《梁又平事件後》。

拾、回憶錄體

(56)《五十不惑》(57)《我的革命檔案》

(58)《台大教官興衰錄》(59)《迷航記》(60)《最後一代書寫的身影》(61)《我這輩子幹了什麼好事》(62)《那些年我們是這樣寫情書的》(63)《那些年我們是這樣談戀愛的》(64)《台灣大學退休人員聯誼會第九屆理事長記實》。

拾壹、兵學、戰爭

(65)《孫子實戰經驗研究》(66)《第四波戰爭開山鼻祖賓拉登》。

拾貳、政治研究

拾參、中國命運、喚醒國魂

拾肆、地方誌、地區研究

拾伍、其他

我這樣的分類並非很確定，如《謝雪紅訪講錄》，是人物誌，但也是政治，更是歷史，說的更白，是兩岸永恆不變又難分難解的「本質性」問題。

以上這些作品大約可以概括在「中國學」範圍，如我在每本書扉頁所述，以「生長在台灣的中國人為榮」，以創作、鑽研「中國學」，貢獻所能和所學為自我實現的途徑，以宣揚中國春秋大義、中華文化和促進中國和平統一為今生志業，直到生命結束。我這樣的人生，似乎滿懷「文天祥、岳飛式的血性」。

抗戰時期，胡宗南將軍曾主持陸軍官校第七分校（在王曲），校中有兩幅對聯，一是「升官發財請走別路、貪生怕死莫入此門」，二是「鐵肩擔主義、血手寫文章」。前聯原在廣州黃埔，後聯乃胡將軍胸懷，「鐵肩擔主義」我沒機會，但「血手寫文章」的

「血性」俱在我各類著作詩文中。

人生無常，我到六十三歲之年，以對自己人生進行「總清算」的心態出版這套書。

回首前塵，我的人生大致分成兩個「生死」階段，第一個階段是「理想走向毀滅」，年齡從十五歲進軍校到四十三歲，離開野戰部隊前往台灣大學任職中校教官。第二個階段是「毀滅到救贖」，四十三歲以後的寫作人生。

「理想到毀滅」，我的人生全面瓦解、變質，險些遭到軍法審判，就算軍法不判我，我也幾乎要「自我毀滅」；而「毀滅到救贖」是到台大才得到的「新生命」，我積極寫作是從台大開始的，我常說「台大是我啟蒙的道場」有原因的。均可見《五十不惑》、《迷航記》等書。

我從年青立志要當一個「偉大的軍人」，為國家復興、統一做出貢獻，為中華民族的繁榮綿延盡個人最大之力，卻才起步就「死」在起跑點上，這是個人的悲劇和不智，正好也給讀者一個警示。人生絕不能在起跑點就走入「死巷」，切記！切記！讀者以我為鑒！在軍人以外的文學、史政有這套書的出版，也算是對國家民族社會有點貢獻，對自己的人生有了交待，這致少也算「起死回生」了！

順要一說的，我全部的著作都放棄個人著作權，成為兩岸中國人的共同文化財，而台北的文史哲出版有優先使用權和發行權。

這套書能順利出版，最大的功臣是我老友，文史哲出版社負責人彭正雄先生和他的夥伴們。彭先生對中華文化的傳播，對兩岸文化交流都有崇高的使命感，向他和夥伴致上最高謝意。

台北公館蟾蜍山萬盛草堂主人　陳福成　誌於二〇一四年五月榮獲第五十五屆中國文藝獎章文學創作獎前夕

書前，一些生命書寫的感想（代自序）

生命匆匆走過了一甲子，交往過的朋友真是不計其數，但大多船過水無痕，惟十八年前結識了范揚松這位朋友，感覺卻非船過水無痕。而是因他、由他再擴散，他站在一個核心位置，友誼的漣漪向外圍、向邊陲，漸漸的漾動；而居於外圍、邊陲地帶者，被核心的友誼芳香吸引，也自然的向核心挺進。

這群人無組織章程，無結構聯盟，無繳費規定，我常在聚會時比喻「三千食客」。十多年來，感覺像「八方風雨會中州」，八方風雨在紅塵世界各處飄搖、紛飛，何種動力促使八方風雨會？八方風雨何以按時來會？

能促使一個人經年累月去做一件事，必是因於一種感動。攝影家因一隻彩蝶、一個美的景物，他捕捉一片美景，攝影成就一件經典作品；作家因人物、事件交流的感動，一個故事的吸引，傳奇性之緣會，啓動手上的筆，描繪「八方風雨會」的故事。

在我的數十年寫作生涯中，針對以一個人（不論古今）爲主要寫作對象，爲他寫一本書（傳記、回憶錄、事功、思想研究等任何文體），已出版者有：

《孫子實戰經驗研究》，黎明出版，二〇〇三年。

《中國四大兵法家新詮：孫子、吳起、孫臏、孔明》，時英出版，二〇〇六年。

《愛倫坡恐怖推理小說精選》，慧明出版，二〇〇四年。

《山西芮城劉焦智鳳梅人報研究》，文史哲出版，二〇一〇年。

《黃埔28期孫大公》，文史哲出版，二〇一一年。

《漸凍勇士陳宏傳：他和劉學慧的傳奇故事》，文史哲出版，二〇一一年。

《第四波戰爭開山鼻祖賓拉登》，文史哲出版，二〇一一年。

《中國當代平民詩人王學忠》，文史哲出版，二〇一二年。

以上已出版，這本《范揚松生命史學》即將出版，手稿筆記尚未整理的有《謝雪紅講評》（復興電台訪談錄），已出未出計有十二家：孫子、吳起、孫臏、孔明、愛倫坡（美國小說家）、劉焦智（山西芮城人）、孫大公、陳宏、賓拉登、王學忠、范揚松、謝雪紅。

檢視這十二家古今人物，爲什麼吸引我去解讀他、欣賞他或研究他，固然有些因緣，但共鳴和感動是必要條件（如何共鳴、感動須請趣者去讀我那些出版的書，非在此三言兩語說的清楚。）人之所以讓人感動、共鳴，並非是他完美的、無缺點。

我也不認爲人世間真有完美、無缺的人，所謂「完美的人格形像」，所謂「立德、立言、立功」皆完美、圓滿，亦止於想像，通常針對已經前往西方極樂世界報到的人說的，他們永遠不再犯錯了；凡是還活著的人（不論古今），多少有些問題、有些缺失，孔子若活在廿一世紀的台灣，他可能娶不到老婆，若結了婚也極可能在三個月內離婚（因爲他說肉切不正不吃，現代有女人能這樣侍候老公否？）。聖者如此，其他人毛病、問題豈不更多！

是故，讓我起心動念，產生一種動機，成爲我的書寫對像，並非三百六十度皆合乎真善美的人（林志玲姊姊也做不到），而是他的某一「切面」和我有共鳴，產生感動、敬重，具有成爲典範，成爲別人學習的對象。我書寫范揚松及書中各人物亦然，他們都不是完美無缺的人，只是他們的某一部份讓我感動。

成爲我的書寫對象，並非因他官大財多。當我出版劉焦智、王學忠、陳宏那些書後，曾有同學問我：「爲什麼寫劉焦智、王學忠這些小人物，爲何寫陳宏？我們有多少同學當了多大多大的官，還有兩岸生意做的很大的同學，都可以寫啊！」我答說：「我知道有人官當的很大，錢賺的很多，但可曾聽他們布施過一文錢、做過一天公益，或貢獻出什麼沒？或主動邀大家吃一頓飯沒？」問者一時無言。

我注意揚松久矣！他的一舉一動、一顰一笑，乃至在他的公司與諸友聚會，一觴一詠，又常有美女在陪，詩文、喬安不辭辛苦，善解人意又知書達禮，凡此等等，都「捕捉」入鏡，藏於我心。

所以，很難說寫這本書要花多少時間。但大體言，計畫時間要比動筆寫作時間長，這是很正常，凡事之成功通常關鍵在事前計畫與準備。軍事作戰要綱說：「戰爭之勝利取決於事前準備」（古今兵法亦如是言）。就是那演戲的也常說：「台上一分鐘，台下十年功。」計畫週詳，執行就又快又順，且成功在望。

本書的計畫從二〇一一年春開始，不斷研究、整理揚松給我的部份資料，同時整理我歷年原有資料。到二〇一二年春（約春節後），我的計畫、佈局、架構大致抵定，三月吉日開筆，八月初全書完稿。

本書再承好友、文史哲出版社老闆彭正雄先生鼎力相助，得以出版問市（世），我要表示感謝，至於本書內容因各種限制，個人能力才力之不足，未合傳主與眾望之處，尚祈海涵，並示教正。（台北公館蟾蜍山萬盛草堂主人陳福成草於二〇一二年八月吉祥日）

嚴謹與浪漫之間
——范揚松生涯轉折與文學風華

目 次

學思生活照片集（照片由范揚松提供）

范揚松念新豐國中時僅存照片。每天搭客運或者騎自行車上學。國中時班導師有三位，分別是朱發煉、陳順吉及陳昱棠老師，另受徐勝昭老師啟發極大。

高分考取新竹中學，受辛志平校長啟發式教育影響很大，三年六學期均前三名頒獎金繳學費；受惠於竹中開放、民主學風，在五育並重的教學要求，培養藝文潛能。

考取政大企管系可謂家族中大事，從此由老家北上與全國最優秀的學子共聚一堂。大一寒假返家與祖母、父母親及兄弟與義姊共同拍攝全家福。這是范揚松記憶的唯一一張。

國立政治大學企管系一年甲班合影留念67.6.12.

少年十五—二十時，初入政大接觸社團，校友會住宿舍交朋友不亦樂乎！對企管課程淺嚐即止有幸能與全國各校頂尖好手，共同學習誠一大樂事。本圖為全班唯一合照，導師蕭國慶教授。

大二擔任文藝社社長，辦理司馬中原藝文講座、大春山莊文藝營，夜訪詩人羅門、蓉子夫婦。圖中詩友為社內核心成員。范揚松此時略有文名於政大，在外報刊發表創作，並於大三受聘擔任成功中學指導老師。

大三獲國軍文藝金像詩組第一名，為開放全民比賽最年輕得主；文藝社友出席頒獎典禮。當年，文藝社指導老師李弦獲中國時報散文獎，廖風德（蕾夫）獲聯合報小說獎，范揚松另獲香港徵詩冠軍獎，為政大文壇盛事。

大學畢業考取運輸官，抽中「金馬獎」到金門服役，月餘後隨部隊調回中壢。圖中同袍共遊金門莒光樓。事隔三十年，應金門縣長之邀赴縣政府發表金門定位與藍海策略演講，反應熱烈，金門日報全版報導。

服役期間第二次得國軍文藝金像獎，在國軍英雄館由郝柏村總長頒獎。受當時營長查台傳（後擔任金門防衛司令官，國軍退輔會秘書長）賞識，三十年後，因授課因緣再次聚首，並到公司與諸友暢飲金門高梁。

退伍後考取台塑企業中原大學企研所，工作之後再選擇改讀MBA。企研所第一屆同學九人，來自五個學校，研究所師資以政大師長為主，圖中地點為政大，司徒達賢為大家上策略管理課程後合影。同學中見有跨國公司總經理，上市公司財務長，投資理財專家，大學教授。

研究所期間應龍潭鄉長之邀擔任「台灣客家文化活動週」企劃及專刊總編輯。以一鄉之力辦理第一次鄉鎮行銷，聚客四十餘萬人，順利推廣「龍泉茶」，圖中人員為鄉長游日正編輯群。此為第一次投身客家活動，也為日後客家研究埋下種籽。

完成碩士論文「中鋼不同階層主管工作滿意與忠誠度之研究」（指導教授曹國雄博士）即參加畢業典禮，為中原大學第一位企管碩士。當日親友團十數人道賀。所長周逸衡教授聘范揚松在企管系、工業工程系兼任講師，講授「企業管理」、「組織理論與行為」。

研究所畢業後，除在中原大學，健行工專兼任講師外，另擔任省議員鄭余玲秘書，同年即考取國立交大管理科學所博士班，宗親會數贈匾額。桃園地區政要，親友及指導教授曹國雄赴家中道賀。

博士班輟學後，應聘到管理科學會擔任管理顧問師，執行經濟部企業升級方案，南北波奔，將MBA知識轉化為輔導利器，輔導350家，其間借調現代管理月刊擔任總編輯，嗣後回任輔導組組長。圖為管科會旅遊照片。

受北區（台灣）房屋董事長游日正之邀，赴該公司任職執行副總，負責組織改造與業績提升，半年後績效卓著，調升總經理，主要貢獻為發展責任中心，佈建外圍樁腳，推動幹部養成，參與社會公益，成為桃竹苗第一品牌，終成全國品牌，圖為與員工登山照片。

應虹成科技董事長沈定一之邀如左圖，擔任執行副總，並帶領進入資訊產業，該公司專研檢索系統開發，接受國內外委託專案，也因此短暫派駐中國深圳。事隔多年，范揚松購併出版公司及深圳研發部，重組電子出版公司，即現在的聯合百科。

深圳全智庫公司更名為科信源實業電子出版事業技術中心，以全文檢索為技術開發為核心優勢，先後完成台灣文獻，古今圖書集成，中研院，漢學中心大型資料。聯合百科成為國內外著名文史哲資料庫公司，行銷全球。圖中人物俱為技術開發人員。

創立大人物管理公司與聯合百科電子出版，台灣核心員工如左圖。大人物從顧問培訓國外大學MBA、DBA 代理學位學程先後有林肯大學、南昆士蘭大學、瑞士歐洲大學；聯百科則專作國家級資料獲得數項政府科專獎勵。

母親范張春妹，評選為新竹地區模範母親，照片中全家為她道賀並聚餐。父親范光南務農之外亦擔任鄉公所清潔隊工作，戮力工作都是子女心目中的模範；兩人都已退休，但仍時刻掛念著子女，孫子輩的事業與學習。

女兒范華君自清華大學畢業，她主修人文社會與中文雙學位，華君從景美女中開始即熱衷辯論社，曾獲台大健言杯最佳辯士獎。清華求學期間投入電影、表演及寫作，要為外祖父編輯詩集，亟獲佳評，曾遊學日本一年，取得日語一級認證。

兒子范振夫自政大畢業了！他主修資訊科學、企業管理雙學位，高中時獲 AMC 數學 PR 值 99，數理資優，大學時熱中樂團表演，大二，開始前往中港澳各城市作青年交流，長年擔任家教並赴美商資訊公司及 3M 公司實習，現服役任憲兵士官。

每年參加管科會尾牙，均與管理界先進歡聚。有幸親炙管理界大師及教授如許士軍、陳定國、劉水深、黃俊英、高孔廉等諸老師，內心十分激動。近年定國公之邀，擔任國家總經理獎評審委員，面試及訪視企業 CEO，獲益匪淺。

管理顧問與培訓生涯中，學習成長最多的是在管科會期間，25年後散居各地的顧問夥伴再聚首如右圖，許多回憶歷歷在目。不論輾轉各職務，擔任AMA高級講師或企研所任教授，管理基本功夫都來自顧問實戰與知識累積。

因緣際會應復興電台金鐘像獎主持人鍾寧之邀，參與台商下午茶節目製播，內容以商機探索，管理知識，行銷銷售，成功生涯為主軸，前後十年，每月一集，共製播120個專題，范揚松將所學傾囊傳授，反應熱烈。

除不定期參與電視台談話性節目外，應客家電視台之邀主持第一個客家財經節目「高峰客家力」，前後兩年，另共同主持人為余思嫺。客家企業人物現身，引起觀眾熱烈迴響，有六篇碩士論文研究發表，獲廣電基金評選優良節目獎。

基於關心客家文化與經濟發展，前後近十年，每年不定期邀約台北客家鄉親餐敘，不分黨派，以客為先，從一桌開始到六、七桌，結合學術與產業，南客與北客，相互交流、資訊分享或山歌獻唱，左圖均為范揚松客家學界的朋友。

近十年客家活動日益突顯，節慶活動更是熱鬧非凡。范揚松除參與客家產業發展學術論述或赴各地演講外，亦參與兩岸高峰論壇暨企劃、全球嘉應商機論壇大會主席，新竹燈會、台北義民嘉年華顧問……，另有相關客家詩作發表。

為彌補國立交通大學博士未完成，特參加美國普萊頓大學企管博士（DBA）學程，轉學分並改讀兩年，完成博士學位如左圖。論文為「組織變革與智慧資本流動跨階段之研究」，從此，先後參加上市櫃公司，大學研究所，國家文官學院教學活動。

應前輩詩人文曉村之邀且回報一九八三年推薦范揚松獲全國優秀青年詩人獎，加入葡萄園詩社，社員俱為俊彥，創作成果豐碩，個人受益匪淺，唯事業倥傯，較少參加活動，但每年春節歡聚必到，如右圖，每期作品必繳。

連續十數年，范揚松利用辦公室每月一次或二次邀集各方藝文界人士小型聚會，少到七八人多則二十人，來去自如，俊男美女，騷人墨客，大師鴻儒或落魄遊子都停留過，如左圖，我們稱為「野店」，大夥交換著流浪的方向。

深圳康橋書院校長呂佩橙與二十餘位校長同邀台灣，特別安排呂佩橙校長餐敘（圖中）。呂校長飽覽群籍，辯才無礙，致力於「行動學習」推廣，現致力於班級經營教學，巡迴中國各省市授課，場場爆滿。

「野店」諸文友除餐聚之外，不定期安排參訪或展演活動，圖中為大夥參觀著名油畫家，聯合國文化大使陳綿芳畫展合影。陳博士為范揚松早年敬仰的良心畫家，雖被列黑名單但愛台熱忱不減，他的「新意象派」作品，舉世矚目。

張夢雨為范揚松二十餘年老友，右圖與其六位女弟子合影，他個性耿直，書法瓷刻自成一格，往來多年，獲贈不少墨寶，也為其作品創作數首現代詩並為其畫冊寫序。夢雨與揚松友人亦熱稔，每年參訪工作室喝酒論字。臧否人物，不亦快哉！

許多文友因不滿阿扁總統貪污舞弊，為聲援施明德率領的紅衫軍十月圍城運動。除參與司馬中原、瘦雲王牌的連署外，另葡萄園社友亦撰詩供現場民眾朗誦，流傳，圖中與陳福成上台朗誦前合影。

承聲樂家吳家業律師之邀，范揚松揪團赴寶山採柚子，好友久居台北，到新竹鄉下一遊，頓覺寶山水庫水頭有如桃花源，滿山青翠，水深艷瀲，令人心曠神怡，在瓦屋內喝飲私釀美酒，大聲喧鬧，實暢快淋漓！

應中國國民教育研究所之邀赴黃山市為近百位校長講授「創新經營與永續學校」，隔日清晨即赴黃山，準備攻項。沿路修竹茂林，奇岩怪石，滿眼青葱，石階沿壁而上，層巒疊翠峰隱峰現，最後自一線天艱苦攻上光明頂。

近年赴各地講學結合旅遊行程，不論赴星馬泰或中國各城市，都留有一天遊當地景點，如頤和園，西湖、雷峰塔、周莊、老虎灘、鼓浪嶼，長江三峽……；因此范揚松寫了不少講學遊記詩，圖中為北京大學講課後遊龍慶峽，居庸關及長城腳下公社。

因參與昆山、鎮江台辦台協的系列課程及輔導工作，范揚松赴各地講授十二五規劃與商機研討。圖中，應河北省滄洲市之邀，參與台商雙轉移論壇主講嘉賓、市長及台協會長合影。廈門商報曾對范揚松作全版訪談台商轉型。

每年應行政院地方研習中心之邀，巡迴各縣市講授地方產業發展或感動服務與績效提升，前後有馬祖，金門、宜蘭、花蓮、新竹、基隆、台南……。其中金門安排一級主管與會縣長全程參與，會後金門日報作全版刊登演講內容。

范揚松專長以行動學習教學模式為企業作客製化課程，如左圖。二〇〇〇年後，按受中港台企業委託內訓，以中高階層訓練為目標市場，主授「願景發展與策略規劃」、「平衡計分卡與執行力」、「危機管理與應變」、「變革管理與創新」多十數門課。

因曾任美國管理協會（AMA）講座教授，范揚松海外講學頗頻繁，常擔任星馬及中國地區跨國企業主管培訓講師，右圖為SMI。集團赴大連、吉隆坡、新加坡等地授課。

奔波企業內培訓、大學研究所授課之餘，范揚松教學口碑受肯定，被選任考試院國家文官學院，為高特、委升薦、薦升簡及初任簡任官講座教授，二〇〇八年以來歷擔任課程編委，出題及閱卷，亦兼任公務員進修選書、論文複決審委員。

得天下英才而教之，樂也！范揚松主持的大人物知識管理集團，代理瑞士歐洲大學（EU）企管碩博士學位教育，台灣、廣東、北京、上海都開班，學生為高管、企業家專業人士為主，每月均有課程，目前已邀約三十位學者專家授課，EU 被 QS 評為全球兩百名校。

瑞士歐洲大學（EU）為歐洲排名三十九、瑞士排第三的管理學院，採用行動學習教學模式，移動合班與學分整合。圖為台北、深圳及北大班在北京大學授課合影。范揚松與新加坡 Denmi 為亞洲校區發展的主要執行者，深受校方倚重。

范揚松推動高等教育成果斐然！每年畢業生如右圖！可參加亞洲、西班牙或回參加母校畢業典禮。校長與遠東區智等每年會都到台灣參加春酒！台灣學員素質高，加上教學氣氛佳，成為亞洲區典範。

由於范揚松投入客家活動且有具體績效，近年常受邀年與各社團，研討會、媒體訪談，均能直言不諱，勇於任事。范揚松常表示為客家不求官不求名，只求貢獻專業，左圖中范與國名黨親譽主席吳伯雄參加春酒晏。

因擔任馬英九總統客家政策草擬，後與陳國祥（中央通訊董事長）、陳金貴（台北大學教授）三人參與府院黨政策協調，由政務委員朱雲鵬主持整合三方意見後定案為政見。馬英九當選後，二〇一二年六月馬總統府晏請各組政策學者後合影。

有朋自遠方來，每次歐大碩博士班都熱烈展開各地的同學自中國、日本、越南。飛回台北參與研修，學習熱忱感動師生。華南師大張君紅主任，日本華僑總會尹世玲會導往返飛行，圖中係張君紅赴台參與博士班學程，與范揚松的友人跨年共聚。

為整合藝文界資源，范揚松結合內外部人脈，成立創意產業，管理協會，希盼將文化創意於變成商品行銷。每月辦理講座一次，不定期舉辦研討會，會員近百人，揚松擔任理事長，未來將擴大到中國大陸，建立行銷平台機制。

第一章　誰是范揚松？追本溯源四千年

范揚松他是誰？是企業經營顧問？是企管所教授？是電視廣播主持人？或是數位內容創業者？或是現代詩人？還是那個口若懸河爲國家高階文官授課教授……答案是同一個，一個多面向的人！

許多人在媒體上，顧問界或詩壇中看過他知道他。他不認識你但你可能認識他；你不了解他，也可能不了解他的工作、性質與表現、但若不能深刻研究過他的思考模式與行爲動機，當然不了解他生涯跌宕起伏，挫敗與超越。

網站中有他的描述「范揚松敢於與眾不同」，雖然是顧問公司對他的形象定位，但有七八分的真實！請看下去：

客家子弟，范揚松如此與眾不同……

●范揚松具企業管理博士、碩士學術歷練，以及十年事業經營的實戰淬練，爲國內少數理論、實務兼備的管理專家，專長於策略管理、行銷業務與人力資源管理領域。

●范揚松曾任職「管理科學學會」企業輔導組組長，協助數百家企業診斷輔導，改善體質。尤其「績效系統提升輔導方案」最受肯定。因貢獻卓著，曾獲總統召見嘉勉。

●范揚松兼任教於台灣大學、澳洲南昆士蘭大學等校教授近十年，前後擔任台灣五百大企業內部講師，或公開演講達二千場次以上，講課地區遍及中港台四十餘個城市。

●范揚松爲「成功系統動力模式」理論及課程創始人，此成功學體大思精，不論書籍卡帶，廣播電視之內容均超越「思考致富」「卡內基」，風靡中港台華人地區及企業。

●范揚松獲評九十八年經濟日報管理培訓六大名師，九十九年中國時報行銷業務八大名師，二〇〇一—二〇一一年選入「哈佛雜誌百大名師錄」殊榮，巡迴演講各大都市。

●范揚松爲青壯派管理專家中最爲耀眼的一顆明星，接受報刊媒體訪談（問）一百五十餘次，全力推薦他獨創的管理學，該管理學運作體系原理原則被廣泛討論與應用。

●范揚松爲「能說會寫，會講能幹」實踐派管理專家，培訓師，投資經營數家企業，不僅年年獲獎，開創新局，且經營效益驚人，允爲台灣數位內容產業的開創先鋒。

●范揚松是一位對生命負責，對知識獻身的熱情講師；他從逆境中崛起，攀向巔峰，以「生命爲最大技巧」演講授課，受到啓發鼓舞者成千上萬，聽眾更不計其數。

當房間的燈光變暗，等待聽講的學員就安靜下來。

「各位先生，各位女士，讓我們歡迎范揚松教授！」伴著主持人的宣佈，這位精力充沛的授課者走上台去。他並不像傳統方式那樣緊靠講桌，而是繞離講台到聽眾中間，他才說完一段開場白，全場便報以熱烈的掌聲與笑聲。從那個時候開始，范揚松所散發的熱力與幽默就從未停止過……。

出自高平范家先祖范仲淹

范揚松出生於新竹高平堂，家裡世代務農，成長於貧窮的山崎員山村。

「高平范氏」，是台灣地區排名第四十八的大姓族人，而以新竹地區最爲昌盛，子孫遍佈社會各階層各行業，是有地位有影響力的族群。新竹范氏均以宋代名臣范仲淹爲先祖。

新竹的范姓家族，大多是來自廣東的客家人，他們在地方上團結合作及重視家族源流的特質，也是表露無遺的。以關西爲例，著名的坪林「高平堂」范氏祖厝，以及歷代范氏祖先所在的「高平岡阜」，巍峨雄峙，顯示范氏家族變遷發展過程中的輝煌。

范揚松的祖父范德芳自新埔搬出，范揚松在山崎（現稱新豐）出生，父親范光南，母親范張春妹，有兄弟四人，排行第二。

新埔范姓宗族之先祖爲范法澄，原籍嘉應州，明初遷移至惠州府陸豐縣落地生根，傳至十一世祖昌睦、昌遺兩兄弟於一七〇三年渡海來台，輾轉至壟首衛阿貴下充當佃戶，並在略有積蓄後返鄉取妻，後昌睦再度來台，於新埔街立足發展，是爲新埔范氏家族之來台祖。昌睦公育有五子，其中大房與五房留在台灣，大房紹權至關西發展，五房紹騰則在新埔發展，後代子孫成爲新埔開發之主力。

范氏家廟主祀范仲淹以下范家祖先牌位，目前則由祭祀公業范昆義派下子孫管理，每年舉行春秋二祭。家廟環境清幽，背山面田，可惜日後周圍逐漸加建，而成爲被包圍的狀態。

家廟創建年代久遠，保留當時建築特色，也見證范氏宗族在新竹之發展，鑑於范氏家廟之歷史與建築價值，於民國九十五年八月經新竹縣政府公告爲新竹縣縣定古蹟。

依照世代字輩表，紹宏俊殿、世德光揚、振綱植紀，忠原賢良，「光」字輩（如前省主席、司法院秘書長范光群）。是第十八代子孫；「振」字輩（如前新竹縣長、立委、農委會主委范振宗），是第二十代孫；而本書我所研究的主角范揚松，是「揚」字輩，第十九代孫，活躍政壇有前國代范揚恭，立委范揚盛等。

從范法澄到范揚松是第十九代，但若從范仲淹到范揚松則是第三十一代，從范士會算是五十七代，從帝堯起算更是一一九代。從來台開基祖范昌睦算才第九代。詳見文後「范姓歷代祖系源流——范揚松族譜」四千年源流圖。

范揚松爲文學武功有顯赫成就的范仲淹後裔，范揚松在他文學作品及行事風格中有濃濃的范仲淹味道，他熱心政治社會事務，也南征北討開創事業與文學成就，在現代詩的領域中，亦頗爲可觀。兩人生涯歷程有相似及呼應之處，大學時期有詩爲證：

書生：致詩人范仲淹

——「先天下之憂而憂，後天下之樂而樂。」

紙堆裡，偶爾拾取書簽一張
一筆一鉤勒，寫下千年墨跡
盎然古意，工整地被印為鉛字
精緻而妥貼，糊在明星照片後

想起你多遭貶謫的身世
為何，流落至今纔輝煌——
輝煌是邊城飄起的大宋旌旗
咚咚嗵嗵，戰鼓揚飛漫天沙塵
箭雨撲擊你小范，啊莫回首——
遍地血漬被射死在句點逗點間
最激亢的嘶吶竟成琅琅背書聲

琅琅書聲是陳十事疏的剴切
抑是你跋跋獨行的步聲？
洞庭湖總是浪濤拍天；痛響
心肺，唉唉！握住這兩行血淚
教我怎般歸還您？
您在古遠的，斑剝的
岳陽樓上——

范仲淹第三十一世裔孫范揚松

這首「書生」是范揚松在大約二十三歲時的詩作，收在《俠的身世》一書（民69年、采風出版社）。流露出這位三十一世裔孫對先祖范仲淹的感懷，對先祖「先天下之憂而憂，後天下之樂而樂」的感動，詩中顯示祖孫雖相隔千年了，對祖先的豐功偉業仍是記憶如新的，「輝煌是邊城飄起的大宋旌旗／咚咚嗵嗵，戰鼓揚飛漫天沙塵／箭雨撲擊你小范，啊莫回首……」多數人知道范仲淹是大文豪、大政治家，少有人知道范仲淹也是軍事家，戰地指揮官，因他防衛得宜，大宋才得以穩住陝甘邊境的危急局勢。

何樣的范氏子孫！能夠保有范仲淹這種「珍貴基因」！而又能歷千年不衰？無疑的，正是這位三十一世裔孫范揚松先生。

范揚松，台灣新竹客家人，今年（二〇一二）五十五歲，在一份「台港澳暨海外華人新詩大詞典」有他的簡歷（有相當篇幅描述他的創作風格與成就在此不表。若讀者要了解他，可上網用「范揚松」關鍵詞，可找到五萬條有關新聞或資料）。新詩只是范揚松多元人生經營的一部份「切面」，提供給「忙人」略覽。朋友間或公領域，大家叫他范博士、范教授、范總經理、詩人……私底下我叫他老范。

不論用何種稱呼，揚松就是揚松，不尚虛名，不搞暴利更不敢賺黑心錢，一輩子在知識產業生存發展，事業起伏如人飲水冷暖自知，在二〇〇五年十月，他寫（逆旅——寫給自己的生日詩）極為傳神地刻劃出人生的奮鬥與辛苦：

時間的川流，紛紛，自額頭竄逃
千呎碎浪，在耳膜深處嘩嘩響起
愴惶的視線啊辨識不了地形險惡
只看見斷崖深淵，鮭魚迴游而上
原鄉旅途中，橫著重重叉路險關

逆流之下，湧起錯綜交纏的游渦
旋轉不開亂石壘壘的疑陣，溯溪
千里，冰的零度逼迫呼——吸——聲
揮舞不懈的鰭，向驚濤湍流拍擊
沈浮一瞬間，穿越過生死的邊緣

逆流而上，水岸退在奇巖怪嶺裏
等待，擺渡的船家撐開洶洶亂流
劃破青澀投影．歲月默立兩岸
不斷侵蝕、不斷崩落軟弱的泥石

剩下陡峭嶙峋，緊緊咬住斑駁傷口
空間似乎更瘦了，窄仄甬道無盡頭
哀樂中年從深谷直奔而來，鑼鼓起落
聲聲敲打著左心房；瘖啞的哨吶
吹響——年少的飛颺與繽紛的想像
一隻迴游的魚，吃力地喊著童——年——

為一個多元發展又在每個角度，發亮的人物寫評傳，有一定的難度與風險，但寫詩論人，寫作品論作品，三分談揚松的事（志）業，七分評他的文學作品，以生命史學的方式撰寫，在最後幾章能對特定主題作評述，夾敘夾議，希望我的朋友范揚松。能完整的呈現。

范姓歷代祖系源流 — 范揚松族譜四千年源流圖

世代			先祖姓名	說明（考證）
1			監明	劉姓始祖、帝堯長子・堯元年（前2357年）。
⋮ ⋮			劉累	事夏后孔甲，受封於劉，爲御龍氏
63 、 46	1		范士會（又名大祿，尊號范武子）。	周定王14年（前593）因任晉有功，食采於范，得范姓。從監明算第63代，從劉累算第46代；以范姓始祖爲第一代。
64	2		范士球	士會有三子：士燮、士魴、士球，士燮有子孫在秦，保有劉姓，漢高祖劉邦即其後。
65	3		范宣子貴鳳	晉國上卿。
66	4		范獻子士鞅	晉國上卿。
67	5		范士景伯	
68	6		范蠡	助越王勾踐滅吳，避居齊國後自稱「陶朱公」。
69	7		范睢	爲秦昭王定遠交近攻之策，奠定中國大一統基礎。
70	8		范增	項羽的幕僚長。
⋮	⋮			范增以後有480年世系失考，以大約十代算。
80	18		范履冰	唐初宰相、兼修國史。
81	19		范冬芬	宣州刺史。
82	20		范昆光	
83	21		范正始	
84	22		范遠	
85	23		范隋	
86	24		范夢齡	
87	25		范贊時	
88	26		范墉	
89	27	1	范仲淹	從監明（堯的長子）算第89代，從范士會算第27代。台灣以范仲淹當一世祖。時江蘇吳縣人。
90	28	2	范純佑	范仲淹的長子
91	29	3	范祖禹	
92	30	4	范衍	
93	31	5	范芊	
94	32	6	范滋文	
95	33	7	范遠岡	
96	34	8	范四郎	
97	35	9	范均甫	
98	36	10	范良佑	

99	37	11	范文質	
100	38	12	范敬盛	
101	39	13	范法澄	廣東陸豐的開基祖。
102	40	14	范均堡	二世
103	41	15	范仁富	三世
104	42	16	范文通	四世
105	43	17	范崇義	五世
106	44	18	范樂賓	六世
107	45	19	范月鋒	七世
108	46	20	范湧泉	八世
109	47	21	范歷藏	九世
110	48	22	范賢嶺	十世
111	49	23	范昌睦	來台開基祖，原籍廣東陸豐縣黃護寨。
112	50	24	范紹權	范昌睦的長子，二世
113	51	25	宏	三世，以下按字輩排。
114	52	26	俊	四世
115	53	27	殿	五世
116	54	28	世	六世
117	55	29	德	七世，范揚松的祖父范德芳。
118	56	30	光	「光」字輩，如范揚松的父親范光南，來台第八代。
119	57	31	揚	本書研究主角范揚松，「揚」字輩，來台第九代。
120	58	32	振	「振」字輩，范揚松的兒子范振夫。
121	59	33	綱	
122	60	34	植	
123	61	35	記	
124	62	36	忠	
125	63	37	厚	
126	64	38	賢	
127	65	39	良	

說明：

一、本表參考書目（略）。

二、台灣范姓字輩，在范揚松以下，已排到振、綱、植、紀、忠、厚、賢、良。計八代，那是一百多年後了。

三、到范揚松爲止，他從帝堯（元年、前二三五七年）算起，至今（二〇一二年），是第一一九代，歷四三六九年。
從范士會得「范」姓（前五九三年），是第五十七代，歷二六〇五年。
從范仲淹算起第三十一代，歷千餘年。

四、從來台開基祖范昌睦算，范揚松是第九代。

第二章　童年、新豐國中、新竹中學

一九五八年，民國四十七年十月，我國近代無數紅羊浩劫的最後一場災難，「八二三砲戰」燹火餘燼還燃著，只是遠在金門，而新竹？新豐山崎這偏遠的鄉下，仍是安安靜靜的。一戶范姓農家就要生下范仲淹的第三十一世代孫，范揚松選擇這個季節來到人間。

這戶農家的男主人是范光南，女主人范張春妹，他們世代務農。但其實他們搬到新豐山崎才不久以前的事，范揚松於二〇一一年三月，因出版「尋找青春拼圖」，接受國內媒體復興電台及中央大學研究所「客籍企業家訪談錄」，談到自己的家世背景：

> 我們家是從新埔搬出來的。新埔太平那邊有范家宗祠，從清乾隆年間到現在大概三百多年。但那裡是很貧脊的山坡地，種橘子、種稻，收成很有限；而且隨著氣候變遷、霜害，冷空氣都會凍壞椪柑，我曾祖父覺得可能再下去會

沒前途，所以決定離開家鄉，遷移到山崎，也就是現在的新豐，我曾祖父便在山崎落地生根。家族裡有五房，我祖父是第三房，我們就在山崎鄉下，住在一個大池塘後面。基本上世代務農，那邊也沒有太多知識，就種田嘛，我爸爸在附近打工，我叔叔是學木匠。

所以，范家是在曾祖父時，從新埔搬到新豐的，為的是能有更好的發展機會，到范揚松也才第四代，他祖父范德芳，祖母范彭桃妹，揚松在新豐山崎出生，也在這裡度過童年、讀小學。對於這個階段的記憶，揚松在「客籍企業家訪談錄」回憶著：

大概是在這樣的家庭成長，從小並沒有太多知識的養分吸收。但當時推行國民教育，老師覺得我滿會唸書，給了我不少肯定與鼓勵，所以我的小學成績始終維持前三名。小學時，因為家裡覺得再種田下去收入有限，沒有機會翻身，所以曾祖父還有我父親的兄弟們，投資了一些錢在山崎地區買了塊河邊農地，做整地開發。伯伯叔叔後來分到那幾塊建地，就從鄉下搬到新豐，這個比較熱鬧的地方。但那時候還是很窮，必須面對家裡只有幾分薄田，父母親得出外打工，哥哥范揚桂則去當修車學徒，自己則認分地好好唸書。除了把書念好外，每天還須要協助農事、摘洋菇、草菇、除草……等等。

確實，台灣在那個年代的農家，沒有太多知識，就是種田嘛！筆者也是從這個時代背景，從這樣的農家環境一路走過來。民國五十四年告別玩泥巴的日子，揚松的小學讀的是離家不遠的山崎國小，他頭痛於背誦課文，卻對「社會」和「自然」課充滿好奇，這個年代的小朋友看的連環漫書，是「四郎真平」和「機器人」筆者也是。

揚松天生是一個讀書料子，小學成績始終在前三名，父母都是一介農民，完全沒有刻意的栽培，而是在「放牛」狀態下維持的成績，只能解釋這孩子有天份、有自覺。多數人對小學時代沒有太多回憶「素材」，童年通常像一段永恆的美夢，讓人可以永遠有得回憶。數十年後，當揚松也當了爸爸，他有一首回憶山崎國小的詩，他攜妻兒回老家省親，也同時重遊校園，借詩作勉勵自己兒子振夫和女兒華君，也對小一到小六帶他的三位導師，鍾文媛、陳雲和溫錦松老師，表達心中的感謝。試讀「夢迴童年」前面幾個小段：

一、

時間，因久遠而凝固成雄偉的山
盤旋羊腸險道而上，開採記憶寶石

丁丁斧聲刺向耳際，黯黯夜色中
閃爍蛇的複眼與金石迸射的火光
挫敗曾困住倔強的腳力，青春卻在——
僕僕風塵中，交出腳印的踩踏聲

夢迴童年，一顆種籽的萌芽與抽長
向五臟，向肢體，孜孜伸展根鬚——
春暖花開；我們自琅琅書聲中汲取養份
夏日炎炎：我們用汗水灌溉自己的筋骨
秋風颯爽；我們奔逐操場展現矯健身姿
冬寒料峭；我們用意志鍛鍊勤奮的德性

（華君：你將遠行……）

二、

童顏如血，喧嘩著啟蒙的振奮
一筆一勾勒，墨漬沁染細細掌紋

文字的奧秘，傳遞攻略山頂暗語
九九乘法表，像極獵捕算數的網羅
四郎真平呵隨身攜帶加減乘除暗器
即使機器人阿金亦將敗陣落荒而逃
史地的深邃……

一九九二、一、六

這首「夢迴童年」，共四節，每節三小段共八十四行的長詩，收錄在范揚松第四本詩集《尋找青春拼圖》一書中。以詩回憶他讀新竹新豐山崎國小(民54—60年)，童年的夢是人生最美的夢，詩人亦善用夸飾創作，「夏日炎炎；我們用汗水灌溉自己的筋骨」，很傳神的重現一群小朋友玩的滿頭大汗之圖像。

范小朋友讀四、五年級時，開始讀簡明本《水滸傳》、《西遊記》等書，領受俠士之風，嚮往古代豪傑俠士作為，學習拿著木劍稱雄一方；也曾在暗黃燈下，杜撰祖父抗日義行，配上插圖，前後竟寫了三千多字，我想這是一種「基因作用」。

一九七一年，民國六十年，揚松小學畢業，進讀新豐國中。揚松回憶，國中他開始接觸到唐詩及千家詩,同學間以記誦成語詩句為樂,應該是這個階段開始對「詩」有衝動，他仿絕句律詩寫了近百首古詩。另外，工藝課的表現也不錯，竟有兩件工藝作品收藏在學校的典藏館中，供師生參觀，在《尋找青春拼圖》詩集中，也有一首寫國中時代的詩，代表這時候的記憶：

緣故

——記豐中同學初春聚會

一種金屬的呼聲與色澤，滑過
冬眠的皮膚，堅實而暖和地滑過
磨擦的光與熱，恰恰點燃洶湧的
回憶，回憶是一則傳奇，斑斕
多變，一如你花色領帶飛竄懷中
我仔細辨識聲音的方位與言語：
為何那聲音忽遠忽近，既熟悉又陌生
莫非是起風的緣故？莫非是土地
翻醒的緣故？莫非是血液呼嘯的緣故？
……………………
……………………
你我照面相覷，駭駭然驚覺

季節遞嬗，密謀著春天的背叛
歲月竟也扭曲了故事情節，一如
皺紋多歧，難以辨識此去的路向
唯一掌握的是此刻相擁的溫度，
與夫年少輕 狂的歡聲，依照相本
奔來，如光的速度，陣陣迴音
拍擊時間岩壁，磅礴而有節奏
啊原是你我昔時璀璨如春陽的緣故

一九九七、三、二十九

附記：自國中畢業後二十餘年，未曾召開同學會，一九九七年初春，在幾位同學熱心聯絡之下，共有二十五位同學，相聚於京華樓餐廳，互訴畢業以後的心曲，彼此攜家帶眷好不熱鬧。如今時光倒流二十餘載，仍清晰看見青春年少的身影，特以詩誌之。

回想十八年前，我初識范揚松最初二十分鐘，我拿著《決戰閏八月》手稿面見當時的出版社老闆范揚松，直接的感受就是熱情與乾脆利落的一個人，不久更發現他善於「呼朋引伴」。顛覆了我心中客家人的傳統印象，他是很「另類的客家人」。而這種另類是他的基因，在他的家族、童年、讀小學、國中，已或隱或現，且隨著成長的腳步，曰趨清楚呈現一種「范揚松風格」。

在青少年階段，范揚松記憶最深刻且對人生路影響最大者，應 是新豐國中畢業後進了竹中，這是民國六十一年小范已十五歲了，他回憶這過程和轉折：

新豐國中畢業，考桃竹苗第一志願新竹中學、新竹師專，也考上台北工專，那時候全家選來選去都覺得我應該念新竹師專，因為師專不用繳學費、每個月有生活費八百元、畢業後當老師有工作保障，所以那時候我很自然地決定要去唸人人稱羡的師專，當小學老師。

但當時在台北鐵路局賣便當的舅舅張生滿，因為見多識廣，一聽說我念師專就漏夜趕到家裡說：「成績考那麼好，滿分七百分，你考六百快五十分，這麼前面，為什麼要唸師專？」見識有限的父母親聽了很掙扎，因為他們沒辦法判斷。所以我常覺得鄉下人最大的困難點就是：資訊不對稱，得不到很完整的資訊做生涯選擇。當時，我舅舅就跟我父母這樣開導：「當老師，你以後唸大學畢業也可以當高中、國中老師。」於是，我父母親答應之後，因為轉去新竹中學唸書，開啟了人生另一個航程。事實上，因耽誤新生報到手續，還差一點無法入學，幸好辛志平校長慷慨允諾先入學再補辦手續，才化解了這個危機。

范揚松評述自己半生以來，人生道上在各領域的努力，新竹中學播下了重要的種籽，對竹中的開明、自由和親切校風，揚松都給予高度肯定，竹中到底是一所怎樣的高中？爲何范揚松在這裡如魚得水？

家裡經濟條件不好，父母不是種田就是打零工，不得不拼，所以揚松當初就很認真唸書，在竹中唸六學期都是前三名，前三名一學期學費就減免，大概只要繳十七塊錢的學生平安保險費。他選擇文組，就是社會組，不是走理工的，在唸的過程中慢慢對藝文產生興趣，走來可考慮唸文學或唸商學等等。他在竹中的時候參與了像校刊編輯，現代詩的創作，參與跟知識有關的一些辯論活動。新竹中學是個開放的學校，它是很 open system 的。那時候的校長是辛志平，廣東中山大學教育系畢業，一個有名的教育家，他主長「竹中大學化」、竹中是一所沒有圍城的大學，所以我們也接受很多不同思維的激盪。竹中就像一座流動教室，有來自桃竹苗各地優秀的學生，揚松和同學間、上下屆的互動關係都非常密切，可以說在竹中這三年，對他日後從事文學創作與社會運動有很大的影響。

竹中在教學上的開放性，在當時台灣教育中非常特殊，老師會主動幫助學生，啓動多元能力的開發；像揚松詩寫得不錯，老師就會鼓勵他多寫詩。而且老師本身具備了很多民主思想，甚至連對政治的批判，也不避諱告訴學生，竹中就是這樣一個給學生充分自由的環境。升學固然重要，但它不是死讀書，而是五育並進，所以那時候竹中要求學生要跑越野賽跑、要游泳、要做美術。因爲竹中非常強調自由，揚松肯定受到很多薰陶，後來個人事業的發展，像寫現代詩、對文學藝術的喜愛都是在竹中時期培養起來的。竹中對鄉下孩子來說，藝文天地非常廣闊，也就是這點竹中對很多學生產生了很大的影響。

果然范揚松在高中三年表現優異，他欣賞校長辛志平先生有開明、有原則的教育風範。高一時就有第一篇作品「生命的謳歌者——梭羅」，在校刊上發表，給揚松在創作上很大的鼓舞。

升高二，他念社會組，擔任校刊「竹嶺」編輯，接觸文學作品外，也閱讀中西文化論戰書籍，理解各方論戰之緣由，發表「爲文組開藥方」及詩作「論劍三帖」，他成了校刊上的「名作家」。揚松回憶，國文老師呂孫謙先生的「詩詞作法及賞析」，深深吸引著他，領受了古典文學幽邃婉麗之美。凡此，范揚松後來的人生重點，雖放在企管、顧問、數位出版及碩博士教育等，但他也是台灣當代重要詩人，新竹現代詩人六家之一，都他在竹中的土壤裡播下的種籽，所開出的花果，高中同學也是詩人的林日回憶：（註一）

「當時的新竹中學在老校長辛志平的帶領下，學風的自由乃馳名全台，再加上校園中四周更無圍牆阻隔，特色別具，使得這股自由的學風不但是形而上的，更且直接表現於可隨時進出校園這種具體而微的形而下的行為裡，這更助長了竹中人自由擷取知識的開闊胸襟。

因為彼此皆對文學寫作的熱愛，使我有更多的機會可以與他相互切磋，發現他身上所散發的這種汲汲於自由擷取種種知識的殷切與勤奮，令人印象鮮活且深刻。

後來因為志趣殊異，他選擇往法商發展，我則往理工方面探究，至此才逐漸少接觸，直到大學更各分西東，一在台北政大，一在台南成大，僅偶爾才有魚雁往還，分享其作品。此後，我有機會到美國求學攻讀土木工程，以致失去聯絡，不料回台十餘年後，因緣巧合下，居然又連繫上。再見范揚松已是博士教授也！他是一個科技公司的創業老闆，不但叱咤於文獻圖書數位化的領域行銷全球各大學圖書館，更且著書立說講學於政府、社團及中大企業各個領域，推廣與發揚企業管理的種種理念與最新知識，聲譽卓著於業界。一邊經營公司開創新局，一邊海內外講學做顧問，其日子的忙碌可見一斑……」

才讀高中的范揚松，除寫詩也寫散文、小說，實在有夠大膽，只能說他胸中一股才情，不衝出來不痛快。林日先生對揚松高中時代的散文、小說也有論述：

「……范教授的筆下自有一股詩意，這應是先天浪漫情懷的抒發，也是後天修習的結果，即便寫其他文類時，亦是自然而然臻此境界，即便是十六七歲年少時的作品，便顯露此等功力，例如在高中時代發表於新竹中學的校刊《竹嶺》第三期的一篇短篇小說〈兄弟〉，一開頭他就寫道：

夕陽傾著身向明天吻去，天邊的雲朵卻嚇得滿面通紅，不知如何是好。

這種用字遣詞是不是很詩意化？鮮活地勾勒出「夕陽」與「天邊的雲朵」的互動，夕陽會得「傾著身」「吻去」，而「天邊的雲朵」也會「滿面通紅」……」

再看發表於《竹嶺》第五期的〈成功嶺上的日子〉，這是一篇類屬隨筆式的散文，其中他曾寫道：

「我曾想：假日是生活岩層裂縫中所綻放的一株玫瑰，每一個人的心底總盼望著她早早開花。

文字典麗，饒富古典文學的美意，而這股古典瑰麗的用字，自始至終皆貫穿於他的詩作中……」

在高中時代，揚松「命好」，讀了這所「大學化」的竹中，校長和老師有熱忱，有教育理想，對范揚松有極大的啓蒙作用，他對現代詩產生興趣就是在竹中，所以，高二、三時，他除了自己找經典作品讀，學校老師有關新詩的選修，他也盡可能修習。

除了國文老師呂孫謙講詩詞賞析讓他念念不忘。國內著名哲學家史作檉「三月哲思」及他在竹嶺校刊上對范揚松第一首長詩「論劍三帖」給予肯定，對他日後現代詩創作埋下一顆種籽。他記得還有一位林秀燕老師講新詩欣賞，講到鄭愁予的「錯誤」、余光中的「等你，在雨中」。（註二）

我打江南走過
那等待在雨季裡的容顏如蓮花的開落
東風不來，三月的柳絮不飛……
步雨後的紅蓮，翩翩，你走來
像一首小令
從一則愛情的典故你走來……

這些優美的詩句，吸引著年青的范揚松，詩歌的美感與律動在他腦海中縈繞，陶醉在一種美的境界中，他不知不覺得拿起筆也寫了很多詩。但那些高中時代寫的詩，現在（不過民69年），他說自己看到會臉紅。

此外高三班導師張德南講述歷史方式，不論史實評論臧否人物，批判現實政治，都讓范揚松留下深刻印記，這也對范揚松日後參與黨外運動埋下小小的火種。

竹中三年是范揚松人格養成，志業萌發的關鍵時期，他畢業後認識極多早期校友，也參與校友會活動。曾應邀了母校寫一首詩，茲錄如下作爲證明：

青青校樹

——獻給竹中母校六十週年校慶

鬱鬱山崗，比肩趺坐，喃唸
……………

虬勁的根鬚蔓衍於地層
郁郁的枝葉奮力推開天空
舉高了一方晴朗，吆喝著
在年輪的磨坊裡，我們
般勤地工作、歌唱與戲逐
忘情於塵世擾擾，而清醒於

青青子衿夙守的襟懷與悲情
且將一排排鐘聲激越為
一浪浪，琅琅書聲
注釋你我年少的風發意氣
……
……
把自己德性的海拔不斷提升
讓猙獰兇險的波濤，隱匿
或者，飛騰為紛落的月光
溫溫貼在森林的仰望的臉神
去思索德性的必然與偶然
尤其善惡假設僅差於一念
還須在實踐中完成它的義理

實踐，不是你我激辯橫飛的
口沫，或迅速湮逝的聲音
我們在荒蕪的莽原踩踏荊棘

用腳印證實我們的堅忍毅力
而智慧的尋求是不曾放棄的
執著的方位，為向真理擷取
一把灼光，滿座衣冠似雪
奉獻年輕的熱力，裸露胸膛
去霍霍磨利知識的鋒刃：
讀詩論經，又射釦書數
我們彈劍而歌，三尺青鋒
在黯暖的夜色中，森森
閃閃，燐燐地照亮我們
穿越榛莽的去路
……………
……………
北逐無知，南除卻弱
我們意象洋洋，豈限圈點句讀
青春的臉龐在寒暑之間
突顯你我逐漸發光的輪廓

逼迫陰森的鬼魅退後復退後
一座花園便一點一滴成形了
我們群聚於此，各據一角度
互相為雄偉的設計而滔滔議論
或刀馬劍術，或濟世經國
用坦誠的姿勢，將暗暗的企圖
越辯越透明，終於黎明時分
我們走向共同的仰望：
那熾烈的信仰，成為
你我日夜經之營之的藍圖

教市聲遠離我們的花園
自由的氣息，梳洗所有草木
秩序之中，隱然有忍俊不住的
成長的聲音，向四處迴響
我們恣意俯仰，知識與愛
細密地種植在你我的內裡

美學的種籽更在泥壤裡滋滋
抽芽，我們無法抵擋聲音的
速度，它們潛佔你我衣襟
…………
…………
仍然以圓圓整整的腳印踩著
前去天涯，那為星散即為望鄉
成為一顆不死的莊嚴的火種
燃燒這遍莽原的荒蕪與冷漠
一種溫暖便如此流傳下去
鐘聲響起，如浪潮拍岸
那傳薪的身影又奔騰而來……

一九八二、十二、十初稿

高三是大專聯考衝刺的季節，他得努力用功，考一個好大學，有好的成績。連課外書都不看了，詩心，也就暫時收藏起來，放在一個秘密的地方。一顆詩的種籽，在未來的日子現芽抽長、茁壯。

註釋：

註一：林日，范揚松新竹高中時代同學，高一時同班。引用林日先生部份，均摘自「尋找青春拼圖」賞析一文，按該文所述，林日應是成大土木系，他目前是土木、碩士、結構力學專家，現任跨國工程公司高級主管。林先生學的是土木，但也寫詩，也是一位詩人，曾獲新竹風城詩獎第一名」

註二：范揚松，《俠的身世》（台北：采風出版社，民國69年5月4日），頁二〇五。

第三章　政大企管、文藝社與《俠的身世》

一九七七年六月，范揚松新竹高中畢業，他到了一個更大、更新鮮、更現代的世界，他只想要大口大口的吃下這個世界中他要的養份。

是年九月，揚松正式成為政治大學企管系新生。俗云：「影響男人一生的兩大關鍵處是讀大學和娶老婆。」相信有無數中年男子已驗證過這條「準真理」，在揚松身上檢視，頗有幾分準頭，他的人生兩大重鎮，企管和新詩創作，都在大學時代打下堅實的基礎。往後的數十年交友事業，都脫離不了這個圈子。

本章書寫時間，從民國六十六年竹中畢業進政大，到七十年六月政大畢業，整整四年。揚松的政大生活、文學創作、帶領政大文藝社，尤其才大三就出版了第一本詩集《俠的身世》，多少人投以羨慕的眼神。

大一，加入長廊詩社文藝社

大一，因新鮮，所以吸引、探索。揚松說他才正式接觸到詩，經學長指點，看了些相關書籍，對詩的認識不像以前那麼簡陋。這表示他的學習是很積極的，不斷的以「今日之我超越昨日之我」的進行式，向未來探索，吸納新知。政大地處木柵，四周群巒疊翠，上山有指南宮、樟山寺，香煙繚繞，梵唱傳誦，像范揚松這樣的「文藝青年」，一定是經常三五好友上山談情論詩。

揚松大一就加入「長廊詩社」參加全國詩歌朗誦比賽後加入文藝社。政大文藝氣氛向來濃厚，加上老范的熱情、才情，快速的打破陌生的籓籬，把一批文藝青年凝結起來，如火般燃燒著：

> 這兒談文論藝的朋友，個個性情真摯，感情濃烈，為文學，為藝術，為社團、抱負……我們圍聚燭火，促膝傾談，或低語細訴，或慷慨激昂，或悲憤高歌……每至夜闌人靜，三更半夜，然而我們卻意興遄飛，英氣凜凜，毫無睡意，真是個個英姿勃發，豈是「俠」字了得。（註一）

此情此景，我似乎感受到一種氣氛，像清末或民初，一批熱血青年在商議救國大計，而范揚松總像一隻有俠的氣質的「領頭羊」，同是政大前後同學的鄭淑華聊起他們相處的日子。（註二）下面這段描述可窺見揚松在政大的身影：

已經很久不曾想起在政大求學快樂的歲月，畢竟過了二十六個年頭，記憶早已褪色，快樂或痛苦都變得殘缺不全、支離破碎。若不是揚松兄出版《尋找青春拼圖》詩集，又想出版評論集與自選集，想找我記述一些政大文藝社的人與事，我找出《俠的身世》，邊讀邊寫邊回憶過往，我大概沒有勇氣掀開記憶的盒子。

文藝社社員都叫范揚松為「范大」，當年的揚松以優異成績躋身政大商學院，來自新竹的客家人純樸踏實，卻才華洋溢。我大一的時候，全校轟動得不得了，范揚松以長詩〈永遠的旗幟〉寫鄭成功反清復明，得到「國軍文藝金像獎」長詩組的首獎，文藝社一群人浩浩蕩蕩地去參加頒獎典禮與慶祝餐會，我記得每桌上頭有一個超大的盆子，應當是吃火鍋吧！大概只有軍中是這樣的吃法。

更特別的是每一桌都有將軍級的長官陪得獎人及貴賓吃飯，記者鎂光燈閃個不停，范大不停地舉杯答謝，一臉靦腆的笑容，這是我對他深刻的印象。也因為有這個頒獎活動，我才更認識政大文藝社確實臥虎藏龍，文學高手很多。讓我們更驚訝的是揚松在二十歲那年即出版第一本詩集《俠的身世》。

揚松高我兩屆，但是我老當他是學弟，因為大一時，我就和他的學長嚴大陷入情網，我想不起為了慶祝什麼，揚松寫了一首詩〈一切在成長〉給我們，聲援我們這段長短腳之戀，我整整高了嚴大六公分，在政大是頗引人側目的一對。揚松的詩寫得溫柔婉約，有羨慕有期粉，值得一讀再讀：

花芽輕踏，綠嫩的枝柯／有臨風瀟灑、款款般情的喜意／雀躍而喧騰。你啊你！／佇立季節最閃亮的頂端，以微笑／以脈絡裡抑過不住的歡欣、躍動／在我們仰視的雪眸之中，飛旋／啊—竟是朵早春的花顏／謹慎而活潑地開向薄寒／雖孤單終不曾寂寞，聽聽：／成長的聲音，在萬物體中裂响／一種不羈的悸動，播植在心田／嚴寒過後徐徐轉醒／黑暗盡處是星群燃亮的光輝／你用最美的姿勢以舞邀月／攜明月涉過山巒水澤／攜明月穿過風霜雨雪／攜明月擊賞大地歡歌／攜明月畫成愛的圓弧／讓關注的眼神，緣弧的斜度／爬升；艱苦而愉悅，爬升／升起屬於一盞花的你的／巍巍／天空……

——〈一切在成長，詩贈鄭淑華、嚴方曙〉

這是揚松大一寫的詩，已然有了「范揚松風格」，他的詩因人因事，而不因「意」，至今仍是、這首「一切在成長，詩贈鄭淑華、嚴方曙」，不論結構、佈局或意象彰顯已經很高明了，已非他說大一才正式接觸詩，他的天份加上高中時代受教、努力，成果和才華都藏不住了！

大一因參加詩歌活動結識詩人李弦，參加復興文藝營也結識文友李芳齡、林彧、歐團圓、詹義農；並受教於余光中、司馬中原、羅門等人，尤以「客觀呈現」、「情景交融」兩概念深深啓發了這位已有詩人格局的青年學子。活動雖多，創作的質量也還可觀，「歸來書簡」（五篇），在台灣時報發表；「迎向陽光的一群」在文藝月刊發表；「溪流」一詩獲復興文藝營詩創作第三名。（註三）

五月，山雨濕濕落在森林的髮絲
六月過後，你便成一條任性的溪流

山脈那端，有遙遙遠遠的呼喚
喚不回一支流水，吟嘯地出走
說是要到下游裁剪疊疊風景
綴飾家鄉岑寂而單調的日子
你呵身段如此纖瘦，竟鼓舞
涓流如濤，攜去你泊遠的心情
想折服三江四海，賭一次志氣
此番征程許是伏下了暗潮與曲折
不然，雲月為何沾濡滿襟煙塵
唉唉，既入江湖，路總是偏折的
何妨掬捧一束陽光栽在眸裡

生涯即七顏六彩，繽紛向你
迎你，接你於追尋的跫音中
咕咕唱起一江激越、歡欣的
浪聲

「溪流」，收錄於《俠的身世》

「喚不回一支流水，吟嘯地出走」是詩人的決斷，一條溪流「想折服三江四海」是詩人的壯志；二十歲的青年詩人已然不是空有理想壯志，他已知道路是不好走的，「既入江湖，路總是偏折的／何旁掬捧一束陽光栽在眸裡」。二十歲的詩作，三十歲的功力、四十不惑者的淡定，這詩奇妙呵！

大二，出掌政大文藝社社長

大二上學期，揚松已儼然是一個「現代詩講師」，他負責對政大的文藝社團「現代詩組」，以「詩的表現手法與賞析」爲主題，竟講了一學期的課，揚松說回想起來心真有點虛。其實，沒有三兩三，那能上梁山，大二的范揚松對現代詩的理論和創作，已有不凡的表現。

大二下，揚松接掌文藝社社長，並籌劃出版一本全校性刊物「政大文藝」，總編輯是嚴方曙，這位「嚴」同學和鄭淑華有一段戀情，和范揚松都是大學時代「同一掛的」。（註四）鄭叔華事隔三十年，坦自地寫道：。

當年真是勇敢，什麼都不怕，認為即使是錯的，只要錯一輩子就是對的。只可惜，我沒有錯一輩子，雖然後來很清楚地體認到，一個人的成熟與外表是不成比例的，如果我在三十歲遇到嚴大，我很有可能選擇他，但是那一年我二十歲不到，我能負什麼責任呢？雖然初戀以兵變收場，不過我終生懷念自己在初戀裡，那種單純的喜悅與全心全意付出的真誠，相戀第二年嚴大去當兵，我寫了七百多封情書給他，這個數目還是二十幾年後嚴大告訴我的，聽的時候，我只顧著打哈哈，縮著頭說了一句：「年輕時遭遇一點挫折也是挺好的！」

在政大，我們稱文藝社為「野店」，我們編寫自己的〈野店之歌〉，一人哼起，大夥齊聲合唱，把野店說成大碗喝酒大塊吃肉、彼此交換流浪方向的地方，社團生活不也是這樣嗎？只是文藝社一份情感的糾葛！

第一年我的初戀和文藝社的活動都糾結在一起，經常在課後，大夥帶個鐵茶壺，裡面裝的是玫瑰紅摻蘋果西打吧！切點滷菜，吆喝著夜登指南宮，要不然就是在長堤上夜遊，或者杜母墓前群英會，點著燭火，談詩論文。寒暑假在大春山莊辦文藝營，當年文藝社的指導老師最先是簡宗梧老師，其次是李豐楙老師，還有前不久辭世的廖風德老師。

大春山莊文藝營招募全校對文藝有興趣的同學辦理的營隊，邀請國內知名作家到營隊授課。揚松與嚴大合辦的文藝營十分成功，在揚松《俠的身世》中有鮮活描述。

看樣子政大的文藝社確實有過一段「范揚松時代」的絕代風華，如今恐早已式微。而就在當時，大二下學期在課壓力日增下，揚松確實曾對現代詩前途起了懷疑，連帶對現代詩價值也不能肯定了，幾乎封了筆。幸好，詩友殷建波不斷地鼓舞與啓發，使揚松沒有因此而放棄現代詩。那是一九七〇年代，現代詩尙在「橫的移植」或「垂直傳承」間漂移，像一個「阿飄」，找不到定位，不知道「我」是誰？也確實讓很多人失去信心。揚松所提到這位「殷建波」，在鄭淑華的文章也提到，讓我再爲他們喚醒一些回憶：

當年文藝社晚上經常有活動，對新詩創作最瘋狂的殷建波，一個馬來西亞的僑生，年紀沒大我幾個月，卻是高我三屆的中文系學長，在我沒進政大前，聽說他們力推「詩校」，應當是安排許多新詩創作的課程，殷建波是很會講詩的人，但是也是非常脫離現實，極度追求理想的人，為了出版詩集，可以三餐不繼，毫不在乎，簡直不可思議。

殷建波與嚴大現在都定居在美國俄亥俄州，嚴大在闊別二十餘年後，因為他大學室友的孩子就讀我任教的學校，我才輾轉和他聯絡上，前兩年，還幫他編輯出版了一本慶祝他父親八十大壽的文集。現在擁有幸福婚姻，一對男孩的嚴大，已經成為一個虔誠的基督徒，這幾年返國都是為了福音的需要，因為都在主裡，所以我們早已弟兄姊妹相稱，過往的感情只剩下單純的友誼了……

殷建波目前走的是科技產業，嚴大下半生的志業是當牧師，我在國中教書，嚴大的室友陳鳥——陳世勝，完全失聯。二十幾年來，當年文藝社的夥伴大都離離散散，不知下落，我看只有揚松兄依舊不忘情文學，即使來回兩岸授課，企管顧問與數位典藏事業經營得有聲有色，每年每月還有許多詩作誕生。……

揚松大二對現代詩即起了動搖，認爲詩有所侷限與薄弱的一面，因而開始執筆寫小說，希望藉著詩與小說兩種文學文體，完整的表達對社會和人間的關懷。（註五）小說「善後」發表在時副，「謝老伯」發表在台灣日報，「初生之犢」發表在現代文學。（註六）

再者，雖然對現代詩產生信心動搖，但大二這年的詩創作仍有佳果可收成。「黃帝」一詩獲全校創作首獎；從中央日報知悉香港的舉辦會現代詩創作比賽，初生之犢不畏虎，連香港是啥模樣都不知道，竟然就投稿參賽！結果「尼山禮讚」獲香港孔聖堂徵詩第一名，評審俱爲余光中等大詩人又給詩人極大鼓舞。

東方的曲阜，奔騰萬道金光
迸射於莽莽荒地，讓混沌華夏
仰起黎明的額角待您的降臨
小小年紀，卻以千秋耿耿心志來
陳俎豆祭天地，慨然將萬端經緯
執您雙手以整理、增刪、述作
釐劃出泱泱國風，萬世太平的新秩序
……

「尼山禮讚」第一節前半

「尼山禮讚」是五節六十一行的中長詩，係參加香港孔聖堂第二屆徵詩聯賽，榮獲冠軍獎的作品，同時刊載在「孔道專刊」第三期，詩評爲：意境不俗，表現手法新穎可喜。（註七）頒獎六月；范揚松在拼期末考，約當時六千港幣獎金（約四萬多台幣）可是一筆巨款！因當時一學期註冊費才三千多元。大二下尚有小說「打醮囉」發表於時副，「醫者的畫像」發表在中央副刊；「古老的牛車路」獲政大小說比賽首獎，並發表在文藝月刊；詩作「西北雨」、「車過辛亥隧道」等發表在明道文藝。

大二下（民國六十八年三月），在揚松的人生旅途及文學創作上也有特別的意義，他的詩作「長街」和「傘下」（都是致初戀情人SC的作品），發表在《葡萄園詩刊》第六十六期。（註八）這是他接觸到台灣當代一群標榜「健康、明朗、中國」詩風的詩人，如文曉村、吳明興先生等人之開始（本書後述）；乃至後來成爲葡萄園詩社同仁，筆者也因揚松的引見而加入該詩社成爲同仁，至今成爲好友每月定期聚會談詩論道，都是此時播下的好因緣。

大二對揚松言，也是豐收的一年，他雖說重點在小說、散文、但詩創作也是可觀，何況他已在規劃大三要出版詩集，要參加國軍文藝金像獎長詩組比賽，這些都是大工程。此刻，再來回顧一段鄭淑華所寫，他們大二時代那「死黨」的點滴（註九）：

廖老師我最熟，因為大二我主編政大文藝，大三大四也都參與很多文藝社活動，經常得跑課外活動組，沒事就去和廖老師聊天，廖老師以〈竹子開花〉、〈隔壁親家〉連續兩年獲聯合報小說的首獎，還曾經辦了澎湃的火鍋餐，在家裡招待我們文藝社的夥伴，廖老師好客、隨和的性格，跟我們這些學弟妹打成一片，我在大三兵變時，經常跑去跟廖老師報導戀愛進展，廖老師總叫我小心一點，別上了社會新聞。大四時，我寫小說「最後的撒旦」參加政大文學獎，得了個佳作，事後廖老師知道是我寫的，還和我聊了聊，說他也是評審，他覺得寫得還不錯。

沒想到廖老師後來仕途順遂，從主任委員一路高升到國民黨組發會主任，最後到內政部部長，更沒想到竟在事業巔峰時，因心肌梗塞意外辭世，人生實在是一趟無法預料的旅程。對於廖老師遽然過世，在電話中與揚松兄作了許多討論，勾起了許多回憶，最後相互提醒要多重視健康！……

大二我主編政大文藝時，揚松還寫了小說「青春舞曲」捧場，可是因為打字行的疏失，打字的間隔行間緊緊疏疏，時間上又來不及讓他們重打，我急得跳腳，揚松卻安慰我，說行距的緊疏正好配合他小說的劇情，雖然這個梗很硬，不過當時我確實是鬆了一口氣，幸好沒捱罵。……

大三，出版第一本詩集與國軍文藝金像獎

一九八〇年，民國六十九年，跨大三下和大四上兩個學期，這是一個「關鍵」

年，揚松在大三下出版有生以來第一本詩集《俠的身世》，這一年也拿下國軍文藝金像獎長詩組的銀像獎（金像獎從缺），其作品「永遠的旗幟」在當時的青年戰士報發表，並由黎明出版社出版專書。（註一〇）

為何說是「關鍵」年？因為「詩人」這頂桂冠尊帽，是通過詩作發表和重要獎項獲得而頒發的，國軍文藝金像獎在那時是國內最高榮譽獎，當屆開放全民參加，競爭者眾，拿到這個獎等於奠定當代詩壇的地位，你拿到「詩人」文憑了！更何況他只是大三的企管學生！未來不可限量。

而《俠的身世》詩集，與不久後的第二本詩集《帶你走過大地》，後經李豐楙（筆名李弦）以這兩冊詩集為文本分析，揚松獲選為「新竹現代詩人群像」（六家之一）（另五家：周伯陽、陳秀喜、杜潘芳格、李政乃、莊雲惠），這部份本書另章論述，本文僅略說《俠的身世》詩集。

「俠」在中國民間常民社會中，是一種可以替天行道的角色，他注定是一種在「野」的本質，而非在「朝」的，俠的重要內涵和體現，都在一個「義」字；此與在「朝」所需要的「忠」字完全不同。

李弦在《俠的身世》詩集的序「星垂平野闊」一文，及詩人吳明興在「當代詩人范揚松論」的五萬字論文，都論述范揚松的人格特質和對生命裡想世界的憧憬，都有俠的浪漫情懷。是故，《俠》書八十多首詩，儘管題材多元，多數詩作有「俠」

的情懷，甚至給初戀情人SC的詩，也有濃濃的「俠」味。

我們可舉下列短詩摘錄作爲例證：

1

定位於鐘錶的哪個指度？
它鎮日周旋在分秒針的轉動裡

假若，一個鐘是一個天地
江湖可為極大，也可為最小

……

大是乾坤運轉，萬物化育
小如掌握裡細細密密的紋路
從此處望向彼端，啊星途茫茫
生涯將是詭譎難辨的字義
我，僅是一個表現時態的動詞

也許苦心積慮是公開的陰謀

因超脫眾人的流言與算計
需膽識、智慧，更需要愛
姑且，讓愛佔據一方天空“
像河流哺育兩岸的風景；
我隱密的掌紋化成寬厚的
土壤，為了胸中的江湖萬里。

——〈笑傲江湖〉

2

嘩嘩嘩嘩，澎湃暗潮；一回首
是條高唱大江東去的激流

不是激流，你乃渡江的舟子
握槳的手勢，山嶽般地堅持
不能釋放胸中那陣鼓音；一如
不能輕易把自己睡成木木然的河床
……………………
（渡江吧！渡江吧！兄弟

山神等你，魍魎等你）

上游：滿是岩石和未知的氣味
穿梭在鮮綠與濕苔的腐朽間
你僅能用槳聲去辨識方向
不然，你儘可投鵝卵石去問路
划划！划划！到上游去
到上游去，去叩響一遍茫然
即使；你剛划動
你確已
出發。

——〈渡江〉

3

這時，窗外青脈起伏，煙雨
揮灑在草
猜想我們坐盡一席黃昏

聽聽煙雨升起的聲音
感覺雲水交溶的律動
沒有言語，沒有疑懼
氣流汩汩，隨髮茨潑落
自你古典的肩胛
滿地，落著軟軟的柔亮

夜色已黯，雨勢猶小
時光的奔逐一如悲喜交替
薄暮邊緣，我踽踽獨行
繞過迴廊，侵叩你寓居的樓閣
瘦瘦的咳嗽是你最初的回應
我最後的訝異
此刻

——〈晚晴角雨〉

4

火勢熊熊，誰最先引火燃身？

淒美的野店；一則精緻的小令
不經意朗誦，卻風行萬古
像星子夜航的意義：一次火的
躍升，流傳為星散流傳為望鄉
……………………
……………………
焰火紅紅；鑿開渾渾的墨黑
一層層：撕著夜色和曠野
添作薪，添作旺火的柴
直到有人驚呼夜是隔壁時
已然我們都融化成燔燒成熊熊火勢

——〈營火小行〉

5

仰首的花色招搖出鳥的翅膀
一切在絕望後，徐徐徐徐翻轉
讓心情繫住遠去的雲和發芽的植物
給它欣愉的記憶，給它遠方的憧憬

已然發現，我們竟錯過如斯氣候和山水
季節已經冷澹得沒有故事
可傳誦的僅剩簌簌斜掠的風聲
雨聲；和；再也把持不住的
另一個飛向

——〈與你同行〉

6

唉！不瞭解，起落爭喧的鼾聲
全不瞭解，白晝盛開的葵花亦誤會
你是心懷詭譎的陰謀家；處處
處處剝取分分秒秒，藏入懷中
私心地將夜色囚在雙掌裡

待你手掌舒捲翻轉，駭駭然
驚覺：脈紋佈滿你精緻的企圖

一幅幅壯美又富麗的設計
一切猜忌成了真實的傳闖
你卻從不辯認這是證據與否？

關門之際，你俯向一遍燈火
細膩地，添加上未完成的
一筆一劃

——〈夜秋——寫給政大文藝編輯〉

《俠》書有六輯，八十八首詩，全部是揚松大一到大三的作品，是他大學前三年的生活、生命體驗；這種透過詩的途徑，對自我進行深刻的觀照反省，雖從自命爲「俠」者的核心思維出發，但其觀照的對象卻又不是自己，而是那些「江湖事」，即天下、國家、社會、廣大的人民群眾，當然就包含了他在政大所碰到的人與事。正如《俠》書的封底扉頁標示的一行字，創作號以「對人群不止息的愛，對鄉土熱烈的關懷」爲出發點。

這怎能不讓人想起揚松的先祖范仲淹之立身準則，「先天下之憂而憂，後天下之樂而樂」，范仲淹有這樣的第三十一代孫，也該含笑滿意了。

洞庭湖總是浪濤拍天；痛響心肺
唉唉！握住這兩行血淚
教我怎般歸還您
您在古遠的斑剝的
岳陽樓上

引「書生」結尾，《俠的身世》

「書生」一詩，是范揚松致老祖范仲淹的一封詩信。關於《俠》書八十餘詩作，限篇幅不逐一解說。但在政大卻有一群文藝社友。竹友會成員爲他推介銷售，售出了第一版五百本！可謂文壇盛事。

回顧大三這一年，揚松較關注於短篇小說，他認爲較能落實到社會現象來，傳統的遽變與現代化適應問題，是揚松思考及閱讀的主要方向。詩創作碰到比以前尖銳的難題，題材選擇和語言處理更是無法突破的瓶頸，詩人李弦爲他解答不少疑惑；此外，詩人閔垠的鼓舞嘉許，給揚松堅持向詩路走下去的信心。

大三，也是一段戀情的結束，《俠的身世》第四輯「與你同行」是范揚松青澀的初戀記錄，生命歷程中，揚松永遠感激這位名叫「SC」的女孩，她曾經豐富了他的生命；她的善良，她的能幹和善體人意，揚松一輩子不能忘懷，這是永恆的美麗。情緣雖已盡，友誼卻長存。

大三，除了出版《俠的身世》、「永遠的旗幟」獲國軍文藝金像獎長詩組銀像獎（金像獎缺）外，小說、散文、詩等，各類「作品」不斷產出，在葡萄園、文藝月刊等園地發表。另外，參加鹽份地帶文藝營，結識鍾順文等詩友；擔任成功中學文藝社指導老師，講授「小說創作與賞析」。一個企管系的學生盡搞這些，他會不會顯得很異類？很矛盾？

企管與文學的衝撞．大四．畢業

本文從范揚松考進政大企管系開筆，寫到現在快畢業了，完全關注在他的文學創作與活動的領域，對於他的「主業」企管隻字未提，盡在「副業」文學用功。到底揚松怎麼了！他在企管系「混」的如何？關於這個疑惑，聽聽他的政大老友鄭淑華怎麼說。（註一一）

> 揚松在政大社團活動很多，擔任過竹友會會長、文藝社長；好像還參加淡水文藝營、台南鹽分地帶文藝營，又參與全省詩社拜訪，黨外運動，還參與一批自稱校園異議份子的組織「酒花讀書會」（每次讀書會必須有酒及校

> 園美女）。很少看到他在念企業管理方面的書，讀的大都是文學、社會或政治方面的書刊。大三時他卸下文藝社長職務後，還出任成功中學的文藝社指導老師，承擔現代詩創作指導與小說賞析！……
>
> 料想不到，最堅持的竟然是他，揚松兄學的是企管，談起經營策略、商業行銷來頭頭是道，以前總認為他是很實際的一個人，滿口鄉土的客家國語，草根性十足，然而過了這麼多年，他竟然不忘初衷，始終還有詩人夢，而他的夢想因為能兼顧現實，生活無虞，所以才能持續做下來，讓文學在他的生命裡，一步步開花結果，終至滿園清芳。

鄭淑華所言「他的夢想因爲能兼顧現實，生活無虞，所以才能持續做下來，讓文學在他的生命裡，一步步開花結果。」吾以爲，這只說對了部份。確實，范揚松在企管領域是「達」了，他是管理名師之一（可先看商周出版《領導未來的CEO》、本書後專章介紹，他始終沒有人停止對「詩路」的經營開拓。

按照我的「范揚松研究」，乃至上溯四千年對范氏先祖的研究，我斷言揚松這個人，「達寫詩、窮亦寫詩」。只是內心定有許多掙扎、衝撞，如何取得二者的平衡?在《俠的身世》詩跋「橋的心志」，書寫平衡的追尋。（註一二）

日影斜向東南，嵬巍的
越過因水勢而拱腰的橋背
我均衡於力與美；踏冷酸的脊椎
深呼吸；一種邊緣的瀕臨，躲在腳後
慢吐氣；若有莫名的僥倖，偷襲心頭

書袋裡，安置有美學與數量方法
竊竊在氣流中取鬧與汹汹地爭議
……

引「橋的心志」前半部份，《俠的身世》

真的是痛楚不爲外人道！《俠的身世》後記「唱不完的天涯」，是面對兩難困境的告白。他主修企業管理，會計、統計、作業研究、管理數學等都是硬科目，兩難困境，很難汲得文藝養份，加上商學院向來冷落文學創作的風氣，日子過得頗煩躁。幸好，他的血液裡流著先祖大文豪范仲淹的文學基因，他握有一隻筆，孔夫子亦說過，何莫夫觀詩！詩，可以興，可以觀，可以群，可以怨。於是，他的感情有了寄託，理想有了地方實踐，豈不快哉！折磨仍是難免。（註一三）

但有時明天要考試，會計沒算會，統計公式還弄不懂來龍去脈，繆斯卻一逕兒在我腦海啃我噬我折磨我，不停地湧現奇文妙句，詩兄詩弟啊！攪得我心神不寧，頭昏眼花，整個晚上都唸不下書，睡不好覺，這種不安與撕裂的痛楚，豈足以為外人道？

無論如何！揚松辛苦走過那北一個平街點即專攻比較有人味的市場行銷作爲專注領域。其中有許多與人性、心理行爲有關的知識。政大企管系畢業，還考上預官，當官了！可見他在本科目成績也不錯。其實，企管課程「讀」的好不好，不重要，企管「做」的好不好才重要，他做成了華人管理名師之一。

本章約略把范揚松在政大的四年概爲疏理，以揚松心中兩個重要的關鍵字：俠與儒，引爲本文小結。

滿座衣冠把酒悲歌其憂家國
參兩知己秉燭夜談何樂不為

此種豪情萬丈，俠氣干雲的心志生活，從范揚松在山崎國小、新豐國中、新竹中學，一路走來，始終在他胸中涵縕著，育養著，比擬自己是個多情俠士，讀大學當他有機會再磨、再煉，成爲詩俠、儒俠。

文章萬古事，吐玉涵珠筆底見乾坤；
藝術豈有價，悲喜憂歡俱是真性情。

這是范揚松爲政大文藝社寫的一付對聯，其實是傳承（轉達）先祖范仲淹的旨意，他按旨力行實踐。於是，我看到一位青年詩俠大步跨出政大校門。「天涯無垠，江湖多夜雨，既然跨出了一步，就沒有不繼續走下去的理由，即使走得不怎麼漂亮。」但我所看到，揚松的每一步都走的漂亮，因爲步步有詩，步步由真性情凝結而成。

註釋：

註一：范揚松，《俠的身世》（台北：采風出版社，民國69年5月4日），頁二〇六。

註二：鄭淑華，「指南山麓的青澀歲月——記敘《俠的身世》中的詩與生活。

註三：同註一，頁二二三—二二四。

註　四：同註二。
註　五：同註一，頁二〇六—二〇七。
註　六：這些小說因年代太久，留存資料早已軼失，發表時間、刊物等不夠清楚，但確定這些作品都發表過。
註　七：全詩收錄於《俠的身世》第六輯，頁一九四—一九九。
註　八：《葡萄園詩刊》第六十六期，一九七九年三月二十九日出刊，「長街」和「傘下」詩作見該期，頁一一二。時該刊主編爲文曉村先生。
註　九：同註二。
註一〇：相關資料均年代太久，作者已找不到，筆者亦打電話向黎明出版公司查尋，均說《永遠的旗幟》早已絕版，亦無存貨，故本文無從註記年代等出版資料。長詩「永遠的旗幟」，收於范揚松第二本詩集《帶你走過大地》（後述）。
註一一：同註二。
註一二：同註一，頁二〇〇—二〇二。
註一三：同註一，頁二〇七—二〇八。

第四章　預官、金像獎．《帶你走過大地》

揚松政大企管系畢業了，他是一個有夢想、有理想又有實踐願力的人，這樣的人，他的一生想要做什麼？想完成什麼大業？下一步路要怎麼走！通常已在「掌控」之中；他不是那種走一步算一步！等天上掉禮物下來的人；他也不是靠碰運氣決定方向的人。他是那種可以前瞻未來，整合變數，評估「成功公算」，使人生和事業都在可管理的範圍內，包括考預官。

一九八一年六月從政大畢業，七月他就在運輸學校受訓，穿起帥拔的預官制服，成為一名革命軍人。十一月結訓就分發到金門，不到年底，即隨部隊移防回台灣，完成「金門手記」（後發表於明道文藝）。

揚松二年預官幹了些什麼事？舉凡下基地演訓師對抗、駕駛培訓、為民助割……吾人不必贅言，那一定是為中國統一大業，做出了一部份貢獻，也為他的部隊爭取到無上榮耀，例如他又拿到一座國軍文藝金像獎（後述），這是他那部隊成軍以來空前的光榮（可能也是絕後的）。他就是這樣一個人，不斷突破，挑戰自己，非難自己。（註一）看看揚松親自表白：

第一本詩集《俠的身世》出版後，自己的生活層面，觀照範圍，擴大了些，也複雜了些。尤其走出大學校門，象牙塔外種種現象與內幕，直叫人目瞪口呆，手忙腳亂，心裡受到的創擊遠比大學四年的總合，還要深且重。今昔相比，方悟少年十五二十時，猶是一場繽紛，金碧的夢景……衝決自我的羅網，以今日之我非難昨日之我，應是我內心最渴切的聲音！整理《帶你走過大地》即是此用意，希冀透過全面檢視《俠的身世》以來的詩作，以反省自己近年來成長的軌跡……現在身在軍旅，盡我應盡的義務，盼今後的生活，能放下士大夫矯柔的身段，充實與落實，將關懷層面擴大，深入基層……

這是揚松在第二本詩集《帶你走過大地》跋文「悲喜邊緣」的一段話，吾人洞見智者之所以爲智者，如何提昇、修煉自我之途徑。通常吾人所見，剖析別人，檢視、查察別人，在別人身上「察察爲明」，都是容易的；反之，要剖析、檢視、反省自己，通常是很困難的，惟智者難行能行，我在揚松身上看到這種修行工夫。而這時，他大約廿五歲，一個年青的少尉軍官。在軍旅生涯中因與黨外人士互有往來，加上在報章報投書批評時政，曾受營輔導長訊問做筆錄，因寫〈老兵不死——李師科未交代的遺言〉入選年度詩選遭受諸多批判，被歸類爲分離份子，事實上揚松因同情李師科，藉此提出反思老兵的境遇，這些「白色恐佈」的經驗，並不影響他爾後的創作，反而寫出「木偶劇團」及許許多多的批判時事的詩……

長詩「風雪大辯論」獲第二座國軍文藝金像獎

揚松善於經營長詩，每如長江黃河之大氣魄。政大時以三百多行的長詩「永遠的旗幟」，獲第十六屆國軍文藝金像獎；「大悲」和「不巧的旗手」是民國七十年的作品；次年（民70），三百三十多行的「老兵不死」，獲一九八三年台灣詩選；「風雪大辯論」獲第十八屆國軍文藝金像獎長詩組銅像獎。這些長詩於本書後文逐一略說，此先不述。

詩作入選《葡萄園詩社廿年詩選》暨慶祝酒會

揚松從大二下在《葡萄園詩刊》第六十六期（民68年），發表「長街」、「傘下」詩作，至今（二〇一二年）已三十三年，揚松有數不清的作品在葡萄園發表，與這家先後由文曉村、吳明興及目前的台客所主編的詩社，保持密切的關係，目前仍是該社同仁。三十三年不離不棄的關係，能說不「親蜜」嗎?故需多所著墨，賞讀「致孤獨」。（註二）

未常飲酒，卻常酩酊
茫茫然，像雲泥中的植物
奮力抓住自己，其實，什麼也沒
街口與街口間，我就成了一種飄離
腳步的放逐，在喧響和霓虹中移動
驚訝鞋聲乃是比誰都近的敵人
竟連影子也不斷鞭打我的視線
在最最失神時刻
一聲急猝的車喊，傾斜擊向我
殺！
淒厲而苦
我緊緊抱住
自己的
傷口

天才本是孤獨的，越是大大的天才，就越是極極的孤獨，此應爲生類各物種之常態。我大約是四十不惑之後才慢慢感受到人生的孤獨，且定是越來越孤獨，世人最後都是一人孤獨的上路；但二十三歲的揚松已感受人生的孤獨，「驚訝鞋聲乃是比誰都近的敵人／竟連影子也斷鞭打我的視線」。天才孤獨而後詩工，才有這麼奇妙的絕句。「致孤獨」一詩的第八行，在「葡」刊和「俠」書有些不同，「在最最失神時刻」改成「在在在最最失神時時刻刻」，加強了語氣程度。入選《葡萄園》二十週年社慶詩選第二首詩「七月流火」。（註三）

深色的幕幃，風牽起
蟲獸叫聲裡，欲念漫溢著
天候燠熱，人們於不安中求生
一切迅速地腐朽，圮傾……
若學童迫於演算的試題
連愛情的瑰麗也在炎熱中溶落
猥瑣的年代嗎？許多聲音在喊
在喊回一段記憶，一注素淨的天空

一張張突兀，清晰的面孔……
（別讓我們的城池陷溺啊！）

仰著臉，逆著走回時間
我們走著，自己縫補一些裂痕
跨過沉甸厚實的泥壤和山嶽
我們要目睹古老而完整的城池
陽光的亮度正可擦出它的輪廓

流火七月，穿越足底的枯敗
步聲悉悉在風裡尋覓湖澤
我們殷切守著有濤聲的方向
想洗滌我們的眼睛，猶望著
一朵朵，逸去的；紛紛
流雲

寫「致孤獨」和「七月流火」二詩，揚松還在政大，快畢業了，正是學子們內

心有所不安的季節。第三首入選葡刊廿週年詩選是「探索：兼致二十三歲生日」自我剖析和策勵的詩。（註四）

步入時間的迴廊，光與影間
循粗壯廊柱探索，前端響起
冷冽的回聲，不斷地我逼進
寧靜而熱烈的空氣，幾教深刻的
思處，止息，而呼吸漸次凌亂……

迴廊迭隱迭現，我已感到一把
刀尖，冷冷抵住背脊吆喝
兩壁圖案，遞嬗著死亡的方式
歷史的興替又曾隱喻何義？
唯光影的轉折，告白了最大的不安

聽聽，淙淙水響在不知名處嘩然
滿目風景莫非也應聲舞踴

隨之，秋葉紅艷照眼
然後，腐朽
如我焦焚的心情，等待
一次死亡而清醒著
在欄邊緣，我遲疑

正步入時間的迴廊，一柄刀尖
森森然，掌握了一切的企圖
面對莊嚴的綿延的神祇
我因卑弱而頑抗、流血
偃倒，臥成大理石的站姿
——一位探索者悲烈的死……

人生從「啓呱呱而泣」，每分鐘是探索。成長中的每一段路、每個選擇、所下決心，也是探索，乃至整個人生還是探索，一顆星球在宇宙間航行十億年還是探索。這是謙卑者的論述，探索永遠沒有終站，學習永不止息。就像范揚松在第四本詩集《尋找青春拼圖》，其副標題是「一個生涯學徒的內心戲與表演」。是故，不論揚松的人生經營到了怎樣的高峰，怎樣的境界！如今成了企業管理名師之一，他仍說，生涯中仍是一個學徒，這就是范揚松。

揚松以「七月流火」、「致孤獨」及「探索」這三首短詩，入選民國七十一年《葡萄園詩社廿週年詩選》，並參加這年八月舉行的「慶祝葡萄園創刊二十週年酒會」（如貴賓簽名錄）。

「葡萄園」詩刊（社）創建於民國五十一年七月十五日，二十週年紀念日應該是七十一年七月十五日，因詩選籌備不及，延到八月二十二日舉行，地點在國軍文藝活動中心音樂廳。（註五）

大會由當時的葡萄園發行人王在軍、社長李佩徵、主編文曉村、助理謝輝煌、經理金筑等人領銜演出，這是當年文壇最大盛事。參與盛會的詩人、貴賓，除本書研究的主角范揚松，仔細檢視簽名錄（如附印），文曉村、司馬青山、金筑、管管、左曙萍、陳紀瀅、賴益成、王在軍、碧果、晶晶、

慶祝葡萄園創刊

二十週年酒會實錄

貴賓簽名錄

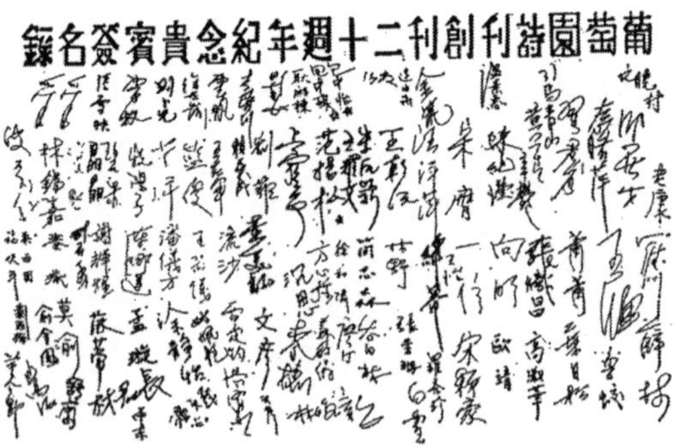

資料來源：《葡萄園詩刊》第 81 期，71.11.15 出版

林錫嘉、羅門、蕭蕭、向明、一信、綠蒂、流沙、謝輝煌、秦嶽、魯蛟、白靈、涂靜怡、落蒂、莫渝、羊令野、舒蘭……（參閱簽名錄），好不風光！

出版第二本詩集《帶你走過大地》

揚松是在民國七十二年五月服完預官役退伍的，卻在退伍前的元月，出版他的第二本詩集《帶你走過大地》，這個集子分五輯，第十六屆國軍文藝金像長詩組銀像獎作品「永遠的旗幟」單獨爲第五輯，詩集有短中不等的詩約五十首。書前有游日正的序。

說起這位游日正台大中文畢業擔伍過保險經理、鄉長、立法委員，幾年後（民77），成了「北區房屋公司」（現爲台灣房屋）的董事長，范揚松正是總經理。而此時他和揚松認識才沒幾天，就已經成爲替詩集提序的好朋友。這方面我和揚松也真是同一類的，是朋友幾天，甚至幾小時認識就夠；不是朋友，認識幾年也沒用。

游日正在「序言——雲中誰寄錦書來」短文開頭就說：

認識揚松，是今年十月的事（按：民71），在此之前，我們素昧平生。那是一次荒山古廟的聚會，俱為一批意氣風發，諤諤之士，雖所學不一，性情互異，然大夥乘興馳騁，縱橫書卷，或為經國政事，或為人生情感，論及精妙

處，不禁拍案叫絕，連連叫好，年青人的本色，在酒過三巡後，尤顯得青春堂皇，英氣逼人。（註六）

二位俠士自然是一見鍾情，游君在序中提到，有一回二人討論知識份子能爲當前社會做些什麼？共同的觀點都認爲「少時充才子，老年充名士」的時代，已經過去了，面對急遽變遷的環境，今天的知識份子，不論你是學者或詩人小說家，都應該勇敢地步出書房，走向社會……在各個角落默默成爲一根支柱，用無比的道德勇氣，和炙烈的情懷，披荊斬棘，走出一條康莊大道來。（註七）

其實我看到的揚松，一路走來就是這樣的人，即不充才子，也不充名士，他和游日正後來成爲事業夥伴。但老天爺總常給人無情的試煉，不斷在人間示現可怕的無常。游日正竟在幾年前那場台灣航空史上最大的災難，澎湖「華航空難」中大去西方，揚松爲好友寫下悲痛的詩，「天空，叫不回一隻飛鳥——記華航空難並悼念吾友游日正」。揚松在詩的經營上引羅門「死亡之塔」意象，全詩五大段，一百一十七行，茲摘錄數段，可見揚松心中對至友的意外死亡，何其悲慟：（註八）

一

遠方的山脈在蜿蜒起伏中

凝固為磅礴交響樂——嗥——唱——
太子廟，乃徹夜響著群山的激辯

時間在記憶中衰老，你在紅塵裏
裏傷上陣，黯路中，陷阱伸出一隻手
手，按住革命者咽喉，掙扎卻沈默
你倒在流亡裏，獨飲沾血的烈酒

林木森森，砍伐的利刃洶洶
逼迫硬挺的身姿，一一傾倒在輪迴裏……

二

你握著羅盤，尋找家的方位
每個夜晚，沒有耶穌沒有媽祖
只有一行行淚，比海水還要鹹
我的淚水與你的鹹度相等
用僅餘的體溫，等待光的折返
等待鹽的誕生，自此纔驚覺

一粒鹽，必須忍受多少日曬煎熬
一粒鹽，要承受多少破碎的組合
一粒鹽，在哭泣中看見自己的
氣息，不斷地蒸發……

三

火爐裏，所有的光與熱都思索著
自己的身世、訃文上的措辭種種
你跌落記憶的深淵，最初的空白
逐次添增濃郁的色彩，每個色彩
在揮灑之問，找到自己的最佳姿勢
然後躍升，成為一顆星，耀眼著──

紅的豔麗。我聽見血液不安地騷動
橙的溫煦。我感到春夏已然遞遭
黃的莊嚴。我察覺一種氣勢形成中
綠的青翠。我聽到埋藏的種籽在抽長……

四

右手，握住知了知了的蟬鳴
左手，抓緊黯藏的祕密心事
雙腳奔馳回龍潭，立地成碑

親友圍坐一地，目光註釋著碑文
年代雖不遠，卻斑駁得滄桑
奧義之書啊——句讀轉折之間
仍有你鏗鏘聲調，交錯著悲憤
手勢：革命的火種猶未止息
祇是埋藏碑石最深處，等待
發芽，等待梅雨過後的種植
親友相擁而泣，跪倒在大悲咒裏……

大哉天地盡是愛的表現，這種表現（一種災難）在我自己五十歲以前始終不能理解。退休後開始接觸佛法，有一回我聽到某位法師開示，某些災難是「菩薩示現」，例如飆車少年撞上電線桿死了，是菩薩示現成那少年，警戒眾生不要飆車。如此詮釋一個「現象」，我心中仍有疑惑。最直接的，你新交一個好友，又是人生旅程中的事業夥伴，卻不久被造物者奪去毀滅，這要多大的修爲才能面對！

《帶你走過大地》詩集，最長也最有代表性的作品，是金像獎之作「永遠的旗幟」長達三百多行，書寫鄭成功的春秋大業，從起始到終端，一氣貫之，如長江黃河之大氣魄，如他心志的投射。標題之下引唐景崧之言，拉開序幕：

> 由秀才封王，拄掙半壁山河，為天下讀書人頓生顏色；
> 驅外夷出境，開千秋新世界，願中國有志者再鼓雄風。
>
> ——臺灣巡撫唐景崧撰

我每回寫作或研究，寫到鄭成功，必也同時想到孔明和老總統蔣中正先生，在中國歷史上他們三人太相近了，簡直是「同一掛」的。試想，他們三人做的其實是同一件事，即「完成北伐，統一中國」更奇的三人心裡定也有數，明知不可爲而爲，就是不管怎麼幹，都是白做工啦！

於是，那必定是一場空夢，他們的理想在生前都是空夢一場，孔明的五次北伐成空夢，鄭成功的反清復明是空夢，老總統的反攻大陸也是空夢。從現實世界的版圖爭奪評之，他們都是失敗者，但回到中國大歷史，他們都是民族英雄，是中華民族永恆的神祇。爲何？在理念堅持，不在事功成敗。揚松經營這首長詩，精確理解這種理念，從序詩彰顯鄭成功的春秋大業核心思維之緒曲：

血色的山河，我們仰望
南海上空，巨碩的形象；
額前朗亮，鑄著威嚴與盛怒
直教瀛海波濤從此不敢囂張

一葉青史，書寫您的忠貞志事
輝煌的身世，有億萬聲音在傳誦
……
我們汲飲清冽的甘泉
注視您耿耿貞忠的威儀
我們馳騁躺臥這富饒大地
總觸及您永不竭退的脈動
像鼙鼓，若醒鐘……（註九）

整首詩雖寫的是鄭成功的革命事業的經過，結果竟是「三十九歲，您竟以煌煌容顏／寫下壯志未酬身先死的唏嘘／五指痙攣，奮抓未完成的夢／唉唉！輝煌背後有太多的恨意」，（註一〇）但詩的弦外之音，也在警示後世的中國子民，因爲鄭成功的故事並非他走了就結束了，鄭成功薨於青壯之年，他的兒孫不久分成「統」和「獨」兩陣營，統獨鬥爭的必然結局是加速中國之統一。這是很弔詭的，但中國歷史就是這樣走的，半點不由人，給現在台灣獨派怎樣的啓示？揚松在詩的結尾：

哀濤聲裡，詩家徘徊低吟
眾民的眼睛，集向中華旗幟
顏彩鮮明是不屈的魂魄啊！
磅礡天地，充滿人心
意志虎虎雄飛，將昂然的姿勢
繡在精緻的圖案裡
迎向朔風，進擊冰雪
搴旗的手，屢仆屢起
堅持您的遺志，讓忠貞耿耿
活在時代，活在歷史，活在

永遠的旗幟裡
巍巍而
挺拔

鄭成功當然未見其兒孫搞「台獨」，他的元配董夫人眼見兒孫要搞台獨，他下令「企圖另立乾坤、分裂民族者，殺無赦。」而她，一介女流，卻深懷民族大義，深知有些事情比生命重要，幹不得，可佩！

揚松是民國七十二年五月退伍的，退伍前除出版《帶你走過大地》詩集，還有不少可筆之於書的豐碩成果。長詩「不朽的旗手」獲陸軍文藝金獅獎長詩組銀獅獎；長詩「老兵不死——李師科未講完的話」，在《文學界》第六期（72年4月）發表；小說「泥鰍昌仔」在明道文藝發表，在《葡萄園詩刊》發 表詩作也未停止，不論在何時何地！他絕不使他的田地荒蕪。

五月從預官退伍，七十三年端午節揚松因卓越的表現與創作，獲得全國優秀青年詩人獎，六月、七月……啊！下章再說！

註 釋：

註 一：范揚松，《帶你走過大地》（曉雅出版社，民國七十二年元月初版），頁一七一—一七三。

註二：「致孤獨」一詩，先發表在《葡萄園詩刊》第七十期，民國六十九年五月十五日出版，頁六九。後收錄在《俠的身世》詩集，頁一八五，再入選《葡萄園詩社廿年詩選》。

註三：同註二。

註四：同註一，頁九五—九七。

註五：葡萄園創刊二十週年酒會情形，可詳見《葡萄園詩刊》第八十一期，民國七十一年十一月十五日出版，有詳盡報導。

註六：同註一，序頁一。

註七：同註一，序頁二。

註八：范揚松，《尋找青春拼圖》（台北：聯合百科電子出版公司，二〇〇七年十二月一日），頁一九四—二〇三。

註九：同註一，頁一四五—一四六。

註一〇：同註一：頁一六七。

第五章 從《絕地大反攻》出發到博士班

已往男生要服兩年兵役（陸一特三年）時，在思考工作或有什麼大企圖，通常是從退伍開始。范揚松也是，大約是退伍後的七、八年間，是他的事業方向探索期。探索，爲探索一切的可能和機會。像揚松這樣有大志、有企圖心的人，自然不排除任何可能，不論從商或從政。從他之前的文字記錄或言論，可以理解，揚松要的是對人群、社會、國家，做出貢獻，他以爲這是身爲一個現代知識份子的使命。「對人群不止息的愛，對鄉土熱烈的關懷」（引《俠的身世》詩集封底語），是他堅定不移的信念，從年青至今未曾動搖。

一九八三年五月，他退伍了。才甫一卸下戎裝，即又站在另一個桂葉織成的舞台。由素昧平生的文曉村大詩人主動提名，經嚴格評選他榮膺七十二年度由中國文藝協會所提名的「全國優秀青年詩人獎」，不久前他連拿香港徵詩以「尼山禮讚」獲冠軍獎，兩屆國軍文藝金像獎長詩組的銀、銅像獎，如今這個青年詩人獎，正是實至名歸。

領了青年詩人獎，曾考取台塑集團南亞工業，短暫工作之後接下來馬上準備到中原大學企管研究所碩士班報到，這是退伍前已報考錄取的，未來兩年肯定單純的學生生活。這兩年除研究、讀書，也有文學創作，更把觸角伸向政治、客家文化研究，思考我們這個社會更深層、更實際的問題。

《絕大大反攻——三十年競選推銷策略總評》

研究所第一學期（民72年11月），揚松和他在政大企管系的同學謝金河（現為財信集團董事長，電視名主持人）合作出版《絕地大反攻——三十年競選推銷策略總評》一書，范揚松寫原理原則，謝金河寫實務案例，全書十三章及四個長篇附錄，四百多頁近三十萬言之皇皇巨著。

這本書（以下簡稱「絕地」雖二人合著，但經充份溝通、建立共識，才完成全書。在他們二人的序「他葫蘆裡，賣什麼藥！」提到，寫作過程中結合十數位學者及選戰專家的經驗，研究過近百個案，撰成台灣近三十年來第一本選舉策略專著，將候選人成敗之道，做一次內幕資料大公開，提供一套全勝、全套、完整的選舉大戰略計畫書。（註一）他們結合了本行所學的企管行銷，涵括軍事戰爭上的戰略、政治策略及兵法謀略，所以這是一部上乘並可全勝的選戰專書，每個章節、每個環節，都是可操作性的，非空口說明。示舉各章主題，光看就知管用，而且很「嚇人」：

1. 玉壘浮雲變古今——行銷與選舉發展背景之比較。
2. 袖底乾坤誰盡知——競選的謀略及其原理。
3. 鬼斧神工佈網羅——競選總部的組織與職掌。
4. 弱水三千取一瓢——選民區隔之運用。
5. 千弓萬箭尋青鳥——目標市場之選定。
6. 開天闢地展神功——政見設計與開發。
7. 匠心獨運生花筆——宣傳戰與組織戰。
8. 莫道書生空議論——政見通路與群眾演講。
9. 法力無邊春風吹——報紙對投票行為之影響。
10. 力挽狂瀾機心巧——文宣策略與戰術。
11. 打擊魔鬼鍾馗在——選舉舞弊及其對策。
12. 十萬火急告軍情——情報戰與反間戰。
13. 步步為營細商量——選舉作業日程備忘錄。

附錄一：雷根與卡特行銷大決戰

附錄二：蔡明耀氣走余陳月瑛

附錄三：邱連輝智取陳恒盛

附錄四：候選人的身份證——如何取得法定檢覆資格

《絕地》一書引用活生生的實例，論證後選人成敗原理，可謂「字字見血」，句句是鐵證。例如雷瑜齊、紀政、陳端堂、黃友仁、王正和、趙綉娃、王玉雲、康寧祥、呂傳勝、許信良、歐憲瑜、康水木、簡又新、蘇玉柱、蘇秋鎮、林正杰、吳豐山、楊金虎、陳定南、李讚成、郭國基、王應傑、蔡明耀、余陳月瑛、邱連輝、陳恒盛……在那個年代的選舉大戰，誰大勝利！誰大敗！誰被自己打垮！誰被對手打垮的！爲何鎩羽而歸？爲何取得重大戰果？《絕地》一書深入剖析；明示證據。

《絕地》亦有普遍性價值，任何時候、任何人，投入選戰，以本書爲計畫、指導準則，以本書所舉實例爲經驗教訓之參考，幾可確定可以取得重大勝利。

余以爲，揚松投入心力撰寫《絕地》，基本上從學生時代至今，從政或競選民意代表、首長，始終是揚松的選項之一，他始終是有企圖心的（主要在新竹），范家在新竹地區的影響力更增強他的企圖動力。他只是用《絕地》深化自己的選戰功力，進行「磨劍」準備，以利「戰時」之用。

研一上，才一個碩士班研究新生，已出版過兩本詩集，拿下幾個金像獎及大小各類獎項，現在又出版《絕地》這樣的巨著，他在中原大學鐵定是個新聞人物、公眾焦點；而就在這時候，揚松又獲得中原大學第一屆「仁岡文學獎」。

再者，從民國七十二年（也是研一上）起，爲了減少家裡負擔擔任哈佛管理雜誌特約撰文，參與封面專題製作、寫作及發行規劃，這項工作到七十四年爲止。

長詩「一個老兵的獨語」入選《1983台灣詩選》及豐收年

揚松善於經營長詩，數百行之大氣魄如黃河之水天上來，一氣奔流到黃海。一九八三年四月（尚未退伍），三百行的長詩「老兵不死——李師科未講完的話」，發表在《文學界》第六期，一時引起文壇側目，詩人以李師科這個爭議性人物爲象徵，點出大時代的問題，目的是要引人反省。

隔年（民73年4月、揚松研一下），這首長詩入選《1983台灣詩選》（吳晟主編、前衛出版社）。通常是年度詩選不會入選數百行的長詩，因爲排他性太大，會「害」很多詩人不能入選。但揚松上榜了，表示這首詩確是不凡之作品，可以成爲當年度台灣地區詩壇的經典之作，也有鮮明的時代性、社會性。

揚松入選這首詩，社會性、批判性極強，他以蒙太奇的手法描述搶犯李師科槍斃倒下的過程；對一些老鄉；老戰友未交待的遺言，寫來情景交融，悲壯中有滿滿的黯然，到底這是一個社會的、小人物的悲劇，茲摘數個鏡頭（段落）供讀者感受……

一

頃刻之間，擁有的夢土
所規劃的城堡，轟然崩潰
而我卻不能流淚，咽泣
我是一名身經百戰的老兵
靜默地，靜默地承受
每塊飛擊向我的瓶瓦……
彷彿，槍聲呼嘯裏我死去
金屬迸響間，林木紛紛倒下
廣告牌倒下，紅線燈倒下
悲壯的布景即冉冉升起；
「不要動！錢是國家的
命是自己的，我要一千萬」
背誦多年的台詞，流利地
衝出喉嚨，滑進每隻耳朵！

二

肇成無數的舌頭互相碰撞

殺伐；為了搜索獨家新聞
我閃逝而過的形影，不斷地
被扭曲被複製成壓在石板的
扁畸玫瑰，一顆受創的花蕾
忍住全身冷顫，我走過街道
走進城市的肺腑，宛如童年
躡手躡腳探進張家的庭院
舉臂彎弓，企圖射殺
屋簷飛突翻騰的蛟龍
內心激烈地喊著：周處
我是打虎殺蛟的周公子……

三

內心愧疚，不時啃噬
我額上腥紅縫痕
小三也是這個時候去的
聽說身體爛了半邊
困居一條黑黝黝小巷

我不停地再三緬念；
大夥出生入死，轉戰沙場
今竟落為遊魂野鬼般
是拆拆搭搭的違章建築
無法金碧輝煌地矗立
真的，無法金碧輝煌起來……

槍聲不斷的追逐裏
彷彿我已死去，……

四

竟然，我安順地活著
在死亡的幕帷裏逃出
紛亂的腳步聲，踩過
淹覆了負傷的土地
我喘息著舔食腥苦的
血漬，胸背的創口

被榴彈砲愈縫愈大
我幽幽地，拔一把野草
銜在口裏嚼
為了祖國的復興和強盛
我聲嘶力竭地吶喊
以堂皇的詞彙安慰自己……

五

號角在激亢的雞啼中甦醒
狙擊，我的五官四處奔竄
彷彿我被急燥的槍響
終究找不到自己而喪亂
喪亂已極，巨碩的齒輪
輾碎我的身影，整齊的
喫痕，密密地咬住回憶
酒過三巡，總狂罵地
抓擰我的臉我賁張的血脈
其實，我不該如此激情

一根草，一點露，……

六

我說太多了，年紀蒼邁
令人容易衰老與頹唐
而我是一名不死的老兵
沒有理由輕易倒下去
我領受任何橫加的罪名
沒有一條街巷是出口
我已瘖啞？我已蹣跚
秘密指證下，名利的狼犬
已然嗅到我的體臭，急遽的
步聲，圍住我設計的城堡
無所抗爭，無所滔滔辯論……

《一九八三台灣詩選》選編委員有吳晟、李弦、李勤岸、苦苓、施善繼、張雪映、廖莫白等七人，並由吳晟主編，都是當代文壇名家。（註二）這本詩集的特色（重要性）在普遍和客觀，歷來台灣出現過不少台灣詩選或年度詩選等文本，大多只選某一「區塊」詩人作品，如詩社或相同理念詩人作品，難以打破詩壇柵籬，這本詩集都破除了，故有高度客觀性。編選委員確是選出了當年度，台灣詩壇的代表作品。

范揚松這首長詩入選出版時，標題改成「一個老兵的獨語」，作者以筆名「范隱之」發表。（註三）其他入選詩人尚有向明、向陽、楊牧、鄭愁予、余光中、羅大佑、白靈、沙牧、洛夫、李敖、汪啓疆等五十四位名家作品。

一九八四年也是揚松的豐收年。七月，二百多行的長詩「太史公曰」，發表在《葡萄園詩刊》第八十七期。（註四）八月，另一首長詩「島嶼一九八四」完成，不久發表在《文學界》第十三期。（註五）今年，揚松又獲中原大學第二屆仁岡文學獎。如同在政大，文學獎總被他抱走幾座，讀書的學費、生活費有了著落。

碩士班到了第二年也要準備寫論文，他的論文主題是「組織中不同階層主管工作特徵、角色知覺與工作滿足、組織承諾之關連性研究」，好長的題目，其中每個字我都認識，不須查字典，但連在一起便難知其理論和實務，及如何操作、觀察等。故不予論述，這是揚松的專業，我不碰觸。

揚松爲論文寫作，多次隨曹國雄教授南下中鋼授課，並搜集論文資料。他利用這些機會也順道拜訪「掌門詩社」和「掌握詩社」諸詩友，拜訪鳳山詩壇先進鄭烱明先生，蒙其指點文學創作理念和技巧。揚松就是這樣的人，始終保持吸納知識的學習心態，不論走到那裡！他都不會空手而回，他每一年都要求自己要交出「成績單」。

也大約在今年，應游日正之邀，揚松開始參與台灣地區客家文化活動，擔任桃園龍潭鄉公所出版《台灣區客家民俗文化專輯》總編輯。分婚喪喜慶、食衣住行育樂各章節。（註六）這是揚松對客家文化認識的第一步，也是他往後多年不斷研究客家文化進而探索客家產業，主持電視台「高峰客家力」節目，最後參與馬英九總統客家政策製訂的起步，本書隨脈絡發展逐一剖析揚松的「客家因緣」。

碩博士．管科會．結婚

老范碩士班終於畢業了，七十四年三月通過學科考試，五月三十一日通過論文口試，為中原大學第一位 MBA（企管碩士）。六月八日與政大新聞系學妹伍翠蓮小姐舉行文定，這年揚松實歲二十八。

取得碩士學位，隨即應聘於中原大學、建行大學企管系兼任講師，同時考取國立交通大學管理科學研究所博士班，五十位考生中錄取八位，確屬不易。另外，他又找到一份能展現所學專業的工作，在中華民國管理科學會（以下簡稱管科會），擔任中小企業經營診斷和輔導工作。

管科會的工作對揚松很有意義，因為這是他進行理論與實際驗證的機會。雖然他已是兩個學校的兼任講師，還有博士班課程，管科會工作也重要，是他人生旅程的新出發點。似乎身兼多職，他總是「恢恢乎其於游刃，必有餘地矣。」（引《莊子》）我所了解，從揚松大學時代，從來都是身兼五、六個工作在同時進行，還能有很多時間呼朋引伴，喝酒交友。

次年三月，揚松與伍翠蓮小姐完成了終身大事，但在婚後這一年，揚松在某些思維上有重大轉變，這可能是理論和實際碰撞後產生的新思維。因交大博士班以數量爲研究取向，揚松認爲這和個人既有學術訓練明顯落差太大，尤其對管理決策中排除人性因素，完全靠「模式推論，計量爲本」支持，根本是矛盾的，乃暫停博士班課程。通常考上博士班，絕大多數人不會中途停止學業，揚松毅然棄之，是很大膽的決定，因爲他是實戰派的。

暫停博士班課程後，揚松成爲全職顧問師，應管科會之請，加入經營輔導組，對全省各中小企業進行診斷輔導，他全省走透透，撰寫了數不清的輔導報告。中小企業「體檢」完後，揚松接受管科會指派，借調到現代管理月刊擔任總編輯一職；揚松持續展現他的長才，銳意革新，協助管科會在現代管理月刊和工商時報開闢管理專欄，獲市場和讀者好評。

任現代管理月刊總編輯其間，揚松也在政大企經班、中原大學企管系和工業系任兼任講師；亦參與管科會、中衛體系內訓工作，開啓講師生涯，本身另兼可愛之家美容連鎖事業輔導顧問。

民國七十五年是地方選舉年，也許他仍想再磨利「選舉與行銷」這把寶劍，也許同是新竹范氏宗親，他投身新竹縣范振宗縣長、國大代表選舉的文宣策略工作。因日夜顛倒。生了一場病，幸好不久又是一尾活龍。

揚松在管科會的工作到民國七十六年底結束，這年元月大女兒范華君出生；這年五月，現代管理月刊被卓越雜誌購併，揚松調回管科會任專職管理顧問師。旋因管科會內部人事紛爭，整個輔導組織形同癱瘓，揚松銜命擔任新組長一職，重新整頓內部人力，調整新工作班底，並積極爭取經濟部中小企業處專案委託，此期間揚松回憶「爲個人出社會以來承受最大壓力」。

所幸在揚松的努力下，正副秘書長陳明漢、林英峰教授全力支持，內部同仁重新振作，共同度過「百日考驗」，也獲得廠商和委託方中小企業員的肯定，年底又也得到信得基金整體輔導許多委託案。

揚松爲管科會打了一場漂亮的勝仗，戰後，他收拾行頭，當一九八八年第一道陽光照射到地球時，他已投入另一個更大、更複雜的戰場「北區房產公司」。

註釋：

註一：范揚松、謝金河，《絕地大反攻——三十年競選推銷策略總評》（桃園，范揚松，民國七十二年十一月十八日），序頁三—四。

註二：吳晟主編，《1983 台灣詩選》（台北，前衛出版社，民國七十三年四月一日）。

註三：同註二，頁九五—一一三。

註四：《葡萄園詩刊》第八十七期，一九八四年七月十五日出版。

註五：《文學界》文本軼失，故出版年代不詳。

註六：《台灣區客家民俗文化專輯》，文本不存，出版資料不詳。

第六章 從北區房屋公司到《木偶劇團》

一位立法委員，一位管理顧問師如何相識相遇？又如何結爲事業夥伴，這個生涯轉折，有千里馬與伯樂的故事，范揚松和游日正當時在龍潭鄉太子廟的結識，有一點傳奇，真相是同屬性情中人那一類的。

揚松出版《帶你走過大地》詩集時（民72年），唯一寫序人就是游日正，而他們的認識不過是兩個月前的事。游日正在序中說：「那是一次荒山古廟的聚會，俱爲一批意氣風發的青年」。包括現在台大社科院副院長邱榮舉，前中央大學客家學院院長江明修教授，代表民進黨出馬競選國代的黃安滄，財訊傳媒要角名嘴謝金河，今週刊發行人梁永煌，創業輔導名師潘寶鳳，派駐美國草根大使羅濟巧……

五年來他們始終是好朋友，彼此關心著事業發展，都各自在不同的事業戰場揮灑。或許因緣未到，他們始終沒有在同一個戰場；又或引出好緣的「問題」，尚未顯現出來。

范揚松換帖換到北區房屋

大約在揚松管科會協助行政院中小企業處的執行案，地位鞏固聲望甚佳，統領近二十位企管碩士顧問群。由游日正所投資並任董事長的「北區房屋公司」，因成長過速（當時台灣房地產幾乎一日三漲），導至內部混亂，山頭林立，此時的北區房屋公司已是數百人的大公司。極須一位懂管理、懂領導又有行動力的高階主管，進行整頓的重責大任，游董事長第一個想到的人選，正是范揚松，乃力邀這位「企管詩人」共同打拼。范揚松幾番掙扎決定放下現有榮光，遠赴桃園，當初極多師長勸阻，不要輕易投身業界，但他仍企盼應用所長一展專才。當時商業周刊以「換帖換到北屋」報導此事。

離開管科會當日，還來不及好好休息，即民國七十七年初，揚松即親赴戰場，沒有任何時間可以準備，擔任北區房屋公司「執行副總經理」，揚松使出他的本行專業企業管理長才，不到一個月提出組織重組，制度重訂，獎金辦法調整爲責任中心體制，揚松面對變革抗拒，六個月後，交出業績倍增的成績單，董事會決定讓他晉升爲總經理。

這時的北區房屋公司員工有一七五人，含周邊事業二百餘人。范總經理擬訂「親善、正確、服務」的經營宗旨，確立「系統、前端、理想」的管理原則；同時爲確保「經營績效=策略效果X管理效率」之成果，在執行策略成管理方案時，揚松訂出所有員工必須遵守的五大方針：

- 定期查核策略發展方向及成效。
- 貫徹責任中心，發揮組織總體力量。
- 分權責、定功過，嚴紀律行賞罰。
- 加強追蹤考核，凡事追根究底。
- 顧客至上，以服務品質創造競爭優勢。

在任職高階經理人之後，原本在政大企業經理班講授「中小企業診斷與輔導」，因職務晉升即應台灣大學之邀，到台大高階總經理班主講「領導統御」、「溝通與談判」相關課程、前後達七年，與台大知名管理學者因緣際會下有了互動交流，結下一段台大教學相長之緣。

揚松擔任北區房屋公司的第一年，很快穩住公司內部的不安，推動責任中心制度的成功，經營管理一上了軌道，業績大幅度成長，隨即著手擴充營業據點。上任第一年（民77），揚松策劃成立四個分公司，每個分公司都有火紅的成績。帶領這個一七五人的銷售悍將爲公司打拚，是揚松個人踏入實務生涯另一大挑戰，也是事業的另一高峰，成爲桃竹苗地區第一品牌，當時媒體的訪問報導不計其數，各種演講座談應邀不斷。

北區房屋公司是一家民間企業，當然是以創造利潤爲宗旨。但范揚松卻策劃、推動了許多社會公益活動，如舉辦兒童寫生比賽、夏季神射手比賽、我愛大桃園掃街活動、認養公園、小學生才藝表演、贊助客家歌謠演出及員工晚會、旅遊等，在那個年代這是非常「先進的企業文化」。這當然是企業領導階層（董事長游日正、總經理范揚松）理念的貫徹，乃能體現成一種文化素養，正常實踐於企業運作之中。

揚松在擔任北區房屋公司總經理的第一年（民77），他還有一件和公司無關的事深值筆之於書。五月，應總編輯鍾春蘭之邀，主持一個由《客家風雲雜誌社》舉辦的座談會，主題正是「客家企業如何在商場上出類拔萃？」與會者都是當時名重業界的學者專家。因此，與各家雜誌因此結下不解之緣，以後的寫專欄、客家運動以此爲出發。

隔年，北區房屋公司在穩定中大幅度成長，再擴展出七個據點，以對抗全國性連鎖房屋公司入侵桃竹地區。這一年揚松參與籌組房屋仲介公會，並任常務理事一職。公司壯大後參與更多社會公益活動，如親子活動、認養公園，更多的社會公益使公司名氣更大形像更好，首開公益行銷風氣，獲得許多媒體關注，等於是免費廣告。

但這年（民78）二月，揚松另外也打了一場勝仗。他的老闆、董事長游日正先生重新贏回前一屆失去的龍潭鄉鄉長寶座。老闆要出馬，揚松責無旁貸成爲此一戰役的操盤手，現代行銷與文宣是他的專長，開創了桃園地區創新戰法，順利打了勝仗，公司素質優良的大力資源也是致勝因素之一。

這一年揚松除在台大高階經理班外，也持續在中原大學工業工程系，東海大學企業家班之邀，開設組織行爲人力資源與行銷實務課程。次年（七十九年）六月，揚松的長子振夫也報到了，范氏「振」字輩，來台開基祖范昌睦的第十代孫，范仲淹的第三十二代孫，范士會的第五十八代孫。（詳見第一章）。

似乎任何單位、公司行號、國家……都不可能「永遠過著幸福與美滿的日子」，而「錢多事少離家近、數錢數到手抽筋」只是笑話。一九九〇年國際經濟不景氣，國內也受到很大影響，房仲業擬採「結盟共存」或「集體調整薪獎」等諸種方式，爲要度過難關。

在方案選擇上，揚松和董事長見解產生矛盾，揚松爲尊重老闆意見，勉強執行減薪計畫，因而造成公司有史以來最大的幹部流失。而在其他，揚松堅持每筆交易要開發票，遭致股東評擊「書生之見」；又因不願爲「股東借款轉作呆帳」背書，揚松乃萌生去意，因爲他不願意承擔法律和道義上的風險，專業經理人必須面對業界倫理與個人利益的抉擇。

六月（民79）應學長陳隆麒教授之邀，到政大企業家班對企業高層演講「專業經理人的困境與出路」之後，揚松正式提出辭呈，八月正式離職，他盤算著要自行創業，結合幾位朋友成立顧問公司。

第三部詩集《木偶劇團》出版

回首從碩士畢業，在管科會、在北區房屋公司，這五年來，揚松竟沒有創作任何一件文學創作，爲何？想必是事業戰場忙碌異常，須全力以戰，也就冷落了文學創作，尤其是現代詩創作。幸好這只是欠缺人事物機緣，時間被切割極爲瑣細的「暫時性蟄伏」，啓動詩筆驚醒的春雷隨時會響起。

某日，在家中清理文件資料，赫然在亂紙堆中發現服預官役到研究所時期的一批詩作，急急自塵埃裡搶救出來，險些給收破爛的收走，真是驚險。對詩人言，那是無可救補的損失，金錢也不能換取。啓動詩筆的春雷響了，蟄隱五年的詩神醒了！揚松徹夜重讀舊作，心情激動，感慨自己的文學生命竟如此脆弱。

當下揚松決定把這些「出土」的詩作，原稿不修訂就出版，爲使自己走過的腳印連貫而完整。這便是揚松的第三本詩集《木偶劇團》（台北，龍門文化事業發行，民國79年3月）。

從「木偶劇團」出版後，揚松恢復了「詩路」運作，作品廣獲各家好評，本書付梓之際，揚松已要出版第五本詩集（含合集），並將各家詩評出版評論集。關於

《木偶》詩作偏向社會批判，揚松則採取嘲諷譏諷的方式，在詩壇上極引人注意，茲摘採幾段供賞析：

一

雖然我們嫻熟各種轉進
攻擊的技巧與謀略
但仍疲憊已極，疲憊
已極，在散戲之後
我們疲憊已極，年輕的
金色夢境，在遠處發光
熠熠閃閃，滑行的姿勢
令人既自豪卻卑微地想
那可是我日夜構築的夢？
車聲擾擾，鑼鼓掀天
我們各自扮演著貴胄
帝王、賢臣與名將
吆喝著，踱步著……

——〈在散戲之前〉

二

我漸趨冷寂的血脈，忽忽
轉醒，不斷在血管裡衝激
亢奮，然後將我淹溺
甜美地，我一次又一次
情願如此輝煌地死去
而我垂垂老矣——
不再是與敵匪的零星
戰鬥，而須與病苦作長久
殊死的決鬥；每當驚夢
常常聽到蟲蚤吱吱的
啃噬、吮吸聲，崩毀的
憂患叫我失眠復失眠
但為了K先生的木偶劇團

——〈我是萬夫莫敵的大將軍〉

三

而我仍戰戰兢兢，不敢
放肆，因為K先生四佈
密探，在文字書信裡穿梭
雖我退為魚樵，不問世事
但失勢多年以來，我的
投江，我的名字一直被人探問
悲苦的心情也一再被撕裂……

雖然我身屬在野
其實，我永遠是不稱職的漁夫

——〈永遠的漁夫〉

四

一直不滿自己；隨著
樂音流轉，我便舞出絕佳
姿態，取悅在座的賓客
和在旁冷眼觀看的K先生

每次聚宴，我總努力裝扮
以滑稽突兀的造型來製造
高潮，讓大家在興奮中抽搐
屏息，然後擊掌歡喧
我最擅長扮演博學的老學究
引經據典並穿插黃色笑話

——〈快活的小丑巴哥〉

五

僅能用雙手護住我的私處
我的尊嚴，抵抗著

漫漶的唾液，蛇一般纏繞
我最淒楚的身世最美的身段
然後在淫淫笑聲裡，他——
粗魯地笨拙地，一口咬來
咬住我的呼吸，我掙扎的
體軀，以及，身為一根

香蕉的，抗議的
觀點

——〈香蕉的觀點〉

六

把未曾郵寄的家書撕成
粉碎，奮然灑向料羅灣
躍升為一盞盞的淒淒的
星子，然後緩緩地落下

莒光日後，士官長又酒過三巡
跌跌撞撞的，離開保養廠
將連上所有的么兩洞迫砲
反覆地調到山東的故鄉
方位，忍著縱橫的淚光
匍伏在方向盤的瞄準具上：
……因為我想家……

——〈老士官長〉

《木偶劇團》詩集一書（以下簡稱《木偶》）分五輯，前三輯共有二十餘首中短詩，全書重鎮是後兩輯共四首長詩。

「風雪大辯論——兼致我的弟兄魏京生」，民國七十一年，第十八屆國軍文藝金像獎長詩組得獎作品，五百多行的滔滔兩岸浪，風雪大辯論，主題意象已示現將有驚天動地的演出。

我總在驚喜間，窖藏一份
憂患；預見刺刀和密探
出沒在你的字行裡，不斷地
窺視和巡邏，並隱身在
每個良心與真理間搜捕
一股頑冥的愚蠢的粗暴的
封建勢力，向你反撲反噬
企圖壓倒一切，控制一切
將億萬生靈推入秦城監獄
精密的謀殺工程，四處羅織

我的弟兄呵，誰在歌唱？
不忍卒聽的歌聲，越過
山川海崖，透過鐵壁：
夢是生活的唯一資糧
而夢裡永遠帶著染血的鞭子

國家之強盛，民族之興起，均有賴人民之覺醒，所謂「廿一世紀是中國人的世紀」，這句話從中山先生口中說出，至今已歷百年，現在全球的中國人似已看到這樣的理想正一步步成爲真實。但以我個人的觀察（我的標準高一點），當代中國人已覺醒的雖多，但不夠「普遍」。不醒的，沉淪的，還非常非常之多。

如何使當代（現在）中國人的覺醒，成爲「普遍性」，須要更多像魏京生、范揚松、劉焦智（在山西芮城辦鳳梅人報）、王學忠（平民詩人、河南安陽）這些人，他們是促動人民覺醒的「先行者」。

「太史公曰」是五節十六段一六八行的長詩，民國七十三年發表在「葡萄園詩刊」第八十七期。（註二）太史公所象徵的精神意義有「淳厚的中國屬性」，特指中國歷代史官秉筆直書，維護公平正義的精神，其核心價值是「春秋大義」（即春秋三傳的主要內涵）。

如我此刻，溫習著
孔丘的春秋大義，朗讀
詩經的興觀群怨，歷經
無數時序的編校之後
……
一隻熟悉的身影，背負典籍
緩緩前進，幾 乎叫人驚悸
那是孔丘，抑或父親的影子
……
走過我疾疾翻閱的典籍
讀著辛酸的家世與淚水
身為史筆，能不驚覺
他們走過歷史道途的真義
巍峩不時浮現
我為之立傳，為之抗辯
猶如我的堅決，而留下亙古

戮記，作為一名史筆的

……

太——史——公——曰（註三）

「太史公曰」本爲《史記》體例，各篇之述評贊詞，今作爲詩題，發而爲詩，詩人有自喻太史公之意。「如我此刻，溫習著／孔丘的春秋大義，朗讀」，這是詩人血液、基因中，飽涵著歷史文化和先祖的磅礡正氣，詩人乃是現代太史公。

「我在槍聲追逐裡死去——李師科最後的話語」也是三百多行的長詩，入選《一九八三台灣詩選》，原詩題是「一個老兵的獨語」，並以「范隱之」之名發表。（註四）這是一個不易「討好」，難度很高的題材，問題在李師科這個人。（註五）連自己的親友都要質疑「爲什麼要寫李師科？一個銀行搶犯值得你寫三百餘行嗎？」（註六）

但是揚松悲憫胸懷，看到社會不公不義下的羅賓漢，看到苦難時代縮影，他用精神的蒙太奇般詩藝留下悲壯記錄：

彷彿，我在槍聲的追逐裏死去

一切顯得滯緩而瑰麗繽紛

沒有一絲痛楚，或者掙扎
長久的抗爭，我卑微如蟻
能與喧嘯的浪濤論辯什麼？
細沙般，消逝於潮來潮往
磨滅自己的聲音和面貌
孤單地在冷暖邊緣浮沈
領受著被遺棄的酸澀
請不要誤會我矯俗干名
或者貪得無饜，其實
這是我最後的抉擇與退路
毋庸憐憫，不要用鎂光燈
將我的無奈與悲憤曝現
高踞華廈裏的大人物等著
等著所有鏡頭，燃燒他
迸濺的口沫滾印著斗大的
標題；誇張而修飾典麗
飢渴號外的眼睛於焉迷失

於焉在急遽旋律中失速
眾人虛矯而多情地飲酒
作樂，與夫論功行賞
恐怕，永遠趕不上這盛宴了

確實，不容易說清楚講明白，因爲文學的「真」和科學的「真」不一樣，否則那些寫「白髮三千丈」、「黃河之水天上來」的詩人，準也是詐騙集團成員之一。但「李師科」詩在文學上確是不凡，才能入選一九八三台灣詩選代表作品，同時又發表在《文學界》第六期。

詩選（主編李岸勤）出版之後，全國矚目被歸類該詩選爲分離主義、工農兵文學，許多評論從政治意識型態剖析，該詩選的編輯動機亦受質疑，揚松隨即拜訪文史哲界大師也是文藝社指導教授，詩選編委李豐楙教授，他表示寫李師科當年十數首，他從詩藝及內涵，仍以揚松作品最具代表性，因此破天荒選特長詩入詩選。可見該詩作的創作成就。

《木偶劇團》，另外值得注目的是「K先生的木偶劇團」，是對黨國體制下台灣政治，社會下的縮影，其中過氣的將軍、老兵、小丑巴哥，漁夫等諷刺時事的作品，不僅意象鮮明而且對現實批判力道頗強勁！

略觀《木偶》各長短詩，其實不難了解揚松的人生觀，他一路走來就是要把自己「修煉成俠的人格形象」。葡萄園詩社的大家長、已故詩人文曉村先生，對《木偶》頗多剖析肯定，幾欲以「俠骨雄心論揚松」定位他。（註七）出版《木偶》時，揚松在北區房屋公司已過了風光期，已在思考離職一事，人生到了三十三歲，必有一些反省。詩集的序中他自我坦白、反省：（註八）

> 最近反省很多，深覺自己外放有餘，內斂不足，特別是前些日子，最近稍稍好些，至少已悟出不安與不愉快的原因有二，一是求心安太切，而牽於私，責於人；二是求知識太急，而牽於外，囫圇吞棗。知此病根，乃深切地自此兩方面作復健的工作，尋求一種「誠」與「情」的生活實踐，讓生命充溢著坦蕩無礙，悲憫諒解的情懷。其實我長久以來，即尋求這種生活，大學時出的詩集叫「俠的身世」，服兵役時的詩集稱「帶你走過大地」都是期盼自己往這方面下功夫，遺憾個人才具不足又不潛沉專精，加上旁騖過多，一直沒辦法達到「俠是出於偉大的同情」此等格局。雖是如此，我還自認為是個「嚴謹的浪漫主義者」。

離開北區房屋公司，算是除了維持大學兼課，偶爾應邀企業培訓外就失業了。但不久，柳岸花明又一村，出現兩條大路，一條死的，一條活的，只是人在當下常是看得不夠清楚。

三十三歲的范揚松不能走錯路，他正走到人生最「嚴厲、可怕」的十字路口。欲知如何？下章再說。

註　釋：

註一：「風雪大辯論」，收錄在《木偶劇團》（台北，龍門文化事業發行，民國79年3月），頁九一—一三〇。

註二：《葡萄園詩刊》第八十七期，一九八四年七月十五日出版。

註三：「太史公曰」，收在《木偶劇團》，頁一三一—一四四。

註四：吳晟主編，《一九八三台灣詩選》（台北，前衛出版社，民國七十三年四月一日），頁九五—一一三；《木偶劇團》，頁一四七—一七〇。

註五：李師科，山東昌樂人，一九二七年生，十三歲參加游擊打日本鬼子。一九四九年隨軍來台，數年後因病退伍，開計程車為生。因對社會不滿，一九八二年四月十四日下午，持槍搶劫土銀古亭分行，搶劫現金五四〇萬元。事發後，五月七日李師科被捕，經警總軍事法庭公審，二十一日宣布死刑，二十六日執行槍決。

註六：見范揚松，《木偶劇團》自序，「生活、愛、學習以及詩的生命——致愛書簡」一文。

註七：文曉村，「看十八年前范揚松在木偶劇團的演出」，未發表，但收入其文集中。

註八：范揚松，《木偶劇團》，頁七。

第七章　好險！差一點加入民進黨

上一章講到范揚松於民國七十九年八月後，正式離開區房屋公司。他失業了三個月，正盤算著要自行創業，成立一家顧問公司，但十一月在一個機緣中，受邀擔任虹成科技公司執行副總經理一職。原來這家公司是揚松在管科會輔導過的企業，雙方留下很好的合作關係。

世事難料，揚松在虹成科技大約兩年多，但此期間有起落，也有爲日後帶來的好因緣。首先是到虹成的次年，一九九三年應公司指派前往深圳協助管理一群軟體開發工程師，當時公司承作德國委託「全球商情檢索資料庫」。此行認識一些素質頗高的大陸友人，如深圳特區報主編王笑園，清華實驗中學校長劉凱。也接觸客家研究會的成員，這些「關係」在往後的揚松事業旅程中，都開了花結了果，所以是好的因緣。

在深圳的工作也是揚松的第一次「中國經驗」，他充滿好奇與不安，此行爲他打開一扇窗。五年後，他進入中國投資資料庫事業，再往後的將近二十年（到本書出版止），他不僅在大陸成立了分公司，且在全中國各大學、政府機關、民間企業等，授課、演講千場以上。當然他也碰到過極大的困境，險些傾家蕩產，因貴人鼎力協助而度過難關，這些是後話。

揚松在虹成的工作並不順利，到民國八十一年底因德國的委託案後續計劃未接成，該公司資金大部份被創投公司抽走，導至公司經營困難。揚松爲力挺公司，墊付數百萬情義相助，又不支薪資持續任職，所以他在虹成科技還很長一段時間，過的是「情義相挺」的苦日子。

但從揚松離開北區房屋公司，在虹成科技這幾年，並非本章要講的重要。如本章主題「好險！差一點加入民進黨！」這是民國八十一年揚松目睹地方政客不務正業，不質詢議事，竟掏空新豐農會二億多，決意參加立法委員選舉，聲明退出國民黨，由民進黨籍宗親范振宗縣長推薦已申請加入民進黨，旋又聲明退出之微妙轉折。

這個轉折是范揚松一生中面臨最嚴厲、最掙扎的「十字路」，走錯一步，就毀了一生的春秋大業，更有辱范氏家族上達百代的列祖列宗。是故，首先剖析揚松想選立委的動機。

第一、揚松身上流著中國傳統知識份子的血液，有強烈的知識份子的使命感，從他年青時代便期許自己成爲「俠儒」，從政是達成使命，完成人生目標的途徑（通路）。再者，范氏先祖范仲淹的家訓名言，「先天下之憂而憂、後天下之樂而樂」，揚松也深受啓示影響，只有從政才能實現這種理想，尤其眼見新竹選出的立委表現實在太差勁！

第二、范揚松從小就是一個有理想、有企圖（尤其是政治企圖）的人，他希望生命要發揮到極限，如同一把寶劍，要發揮其最大、極限功能，而不是把「倚天劍屠龍刀」放在廚房切菜削水果。是故，他始終在找機會，找可以揮動「倚天劍屠龍刀」的大好良機。

第三、民國八十一年間，李登輝所領導的國民黨確實讓有志（智）之士不滿，「黑金政治」就是從李登輝開始的。在中國歷史上，像李登輝這種姦惡之徒，確實少有，他真是炎黃不肖子孫之異種，他不僅想搞垮國民黨，也搞垮中華民國，搞垮台灣。李登輝不僅出賣人民，更出賣自己的靈肉，出賣自己的子孫。他以後的二十年，台灣社會就不斷兩極對立、對決，一路爛下來，觀世音也救不了台灣，難怪揚松要宣布退出國民黨。另一方面，民進黨建黨之初，人們以爲它是「忠誠的反對黨」，確實吸引一些知識份子加入，誰知道以後十餘年，很快質變成搞分裂、搞台獨、搞錢的黑金爛黨。各界眾口都說：「國民黨百年老店的腐化程度，民進黨不到十年就超過國民黨的腐化程度。」

第四、揚松要出馬選立委，總會評估自己的票源或勝出之可能。他評估自己的人脈關係，主要再加上新竹范氏宗親的支持，這是一股很大的影響力，范家在地方選舉，能征善戰，出現許多政治人物。宗親的力量最可靠，揚松對打這一仗有相當的信心，加上他本身學識形象，應可成爲一股清流。

以上四點，前兩點是主觀世界的因素分析，後兩點是客觀環境分析。有了主觀的願力和使命感，客觀的力量支持，剩下的就準備要通過「攻擊發起線」。其實，揚松爲這一仗已準備很久了，但戰場狀況瞬息萬變，八十一年五月三十日，揚松突然宣佈退出立委選舉，他有一份「聲明書」可窺知一二。（如後）

在轉輾抉擇之際，內心所承受的煎熬應該不好受，揚松在這個階段詩創作極少，〈北回線——台海上空所見所感，或是最貼近他的心情寫真，茲錄投下供讀者欣賞：

崎嶇小道自眼底輻射而去
孤絕的礁岩，兀立峭岸戍守
日夜忍受海嘯與霜蝕，赫赫然
挺立如碑，冷看腳下浮雲滾滾
始終——堅持一種清醒的硬度
即使死亡逼近，仍清醒活著
仍用力舉起整座蒼穹而旋轉
聽聽，山海對峙中的號角聲

山風磅礴奔馳，拔高土地視線
浪水滔滔，暴猛湧向暗礁巉岩
你默然走過，與孤寂並肩而坐
一回眸，銜住一季的山風海雨
鹽的鹹澀，已然攀沿背脊而上
此刻，悲喜心情誰能知悉？
花草不能，祇知俯仰縱橫
魚龍不能，祇知浪淘沙淨
山海不能，祇知日以繼夜的爭辯
…………

唯有一臉鹽，孜孜屹屹地
將心事的祕密一一註釋刻蝕
一段段，一段斑駁晦澀的
碑文；供歲月苦苦讀著
供你我苦苦讀著
供天空苦苦讀著

范揚松參與年底立委選舉始末說明書

81、5、30

一、國民黨政府統治台灣的本質與技倆，不外乎集權統治、一黨專政以及權力分贓與金錢政治。晚近大肆結合金牛利益團體，全面賄選踐踏民主政治以事取選戰勝利，然後公然在國會擴權弄錢，悍然修憲，此公器私用、朋分民脂民膏之舉，令有志之士齒寒汗顏，我輩學有專精之士若不挺身而出，掃盡特權垃圾，豈可尋找出一片人間淨王！

二、台灣政經轉型之際，兩黨競爭乃必然趨勢，國大議堂乃成社會動盪之亂源，吾人難以期望其快樂品質有利於台灣人民的幸福與安樂，立法院勢必爲下一個之戰場。參加民進黨，投入年底立委選舉，乃衷心期望有更強大、更健全的反對黨，透過理性的制衡力量，監督政府，看緊百姓的血汗納稅錢。

三、個人十餘年來即關心民主政治，投入助選行列十餘久，屢有表現。對當前威權統治實深痛惡絕，尤其目睹弱勢群體如客家族群、原住民族群、中小企業、殘障朋友的權益一再被漠視，吾人豈能自命清高，袖手旁觀，又怎能對得起自己的專業與良知良能！

四、新竹縣正處於脫胎換骨階段，然而新竹縣籍立委表現乏善可陳，既未能爲縣民喉舌、服務地方，又欠缺議事質詢的專業能力，更不要談到法理條文與預算審核，這是令四十萬縣民引以爲恥的地方，也是個人痛心之處。個人有心成爲財經專業議士，希望新竹從此不再是沉默的縣份了。

五、政治衆人之事，二月份個人即奔走各鄉鎮、向前輩、宗長請教，並獲得極多親朋、團體、企業的鼓勵與支持，除陸續組織後援會外，個人亦將以財經管理之專業，舉辦一百場免費演講作爲熱身。今蒙許信良主席邀請，范振宗縣長推薦加入民進黨以及地方鄉親的支持，個人必定竭盡所能，發揮專長，成爲最優秀的民意代表候選人！

六、然而在以宗親爲選舉最大變數的新竹縣，個人將以宗親的意志爲意志，當前宗親最大關注乃是促使范振宗縣長能順利連任；幾經與各地宗長鄉親請益討論，咸認爲力求宗親團結，外謀各姓氏宗親協助爲當務之急，不宜貿然投入，分散反對陣營有限票源。雖自忖有絕佳能力成爲第一流的立委戰將，爲顧全大局之計，個人只得忍痛犧牲，正式退出今年選舉，此實非我願。

七、即使不參與年底選舉，仍繼續關心民主政治、積極參與公共事務，也將繼續實踐部份原訂選戰計劃，尋求下一次參與選舉、服務鄉里的機會。同時也衷心期望鄉親文老勇於向特權挑戰，唾棄金錢政治，挺起脊椎做一個現代客家人；不畏權貴，反獨裁，反賄選，選出真正能爲百姓講話、打拚的賢能之士，才有真民主！真幸福！真制衡！我們的子孫才有希望！才有亮麗的明天！

范揚松

揚松的說明書有七點，第一點先把國民黨修理一番（這是當然，其實該修理的是李登輝這老番癲，他是首惡）。接著第二點指出自己的政治理想，「參加民進黨」投入年底立委選舉，乃衷心期望有更強大、更健全的反對黨……。第三指出當前政府對弱勢者的漠視，吾人豈能自命清高，袖手旁觀。

話鋒一轉，槍口對準戰場（新竹），批判新竹縣現任立委表現乏善可陳，又欠缺議事質詢的專業能力，是新竹縣四十萬縣民之恥，揚松有能力改變這個局面。故有第五點說明，獲許信良主席邀請、范振宗縣長推薦，加入民進黨，期許自己竭盡所能，發揮專長，成為最優秀的民意代表候選人。

從第一到五，揚松進行「自我行銷」是很成功的，他在告訴新竹縣民，「范揚松沒能出馬，是你們的重大損失」；但為「顧全大局」，揚松忍痛退出立委選舉。最後當然要為「後路」做好結尾，以待來機。

綜觀揚松這份說明書，可謂發乎情，止乎禮，更合天理道義，聞者莫不動容且口服心服。這份說明是八十一年五月三十日，揚松邀集三十餘鄉親宗長共同發布的聲明稿。

終於揚松沒有去選立委，也沒有加入民進黨，其中父母反對是原因之一，范振宗必須與其他姓氏結盟變主因。此後他大概就沒有從政的企圖，「政治之路」到此劃下句點，他專心在企業界發展。我研究范揚松半生旅程至今，以這次「政治試驗進出」約半年爲最大的關鍵性轉折，人生最可怕的十字路口，可謂「進一步死無葬身之地、退一步海闊天空」，讀者看倌看出「真相」否？吾人假設揚松前進一步，加入民進黨，有六成爲獨派立委機會，在獨派主導之下：

第一、他必須配合獨派思維，經常表態進行「去中國化」或反蔣等，把新竹地區的獎公銅像大卸八塊（獨派詩人路寒袖即如此配合陳菊演出，才當成文化局長。），以示自己「又綠又專」。因此，范揚松可能已不是范揚松，而是「三分像人七分像鬼，意識型態下的政客小丑！

第二、「去中國化」的結果，他必須把他從小當成典範學習的中國歷史人物，孔丘、范仲淹、關公……乃至李白、杜甫、孫中山……等等一脫拉庫，全都打成「牛鬼蛇神」，全叫他們是「外國人」。這很可怕，自己和那些典範人物明明都是炎黃子孫，明明全是中國人，現在必須說「孔子是外國人」，「我不是中國人」，搞下去揚松非得精神分裂症不可！

第三、「去中國化」搞下去，揚松會成爲范氏族人眼中的政治鬥犬或敗家子。

范氏家族數百年來，引爲光榮的，是他們都是帝堯、范士會、范仲淹、范昌睦的子孫（詳見第一章），現在也要說他們是非我族群而數典忘祖，說自己不是炎黃子孫，不是中國人，列祖列宗在上，必定要予嚴懲。

第四、他不可能有後來的「中國經驗」。當時民進黨政治氣氛下，必然要和大陸劃清界線，只在台灣這個「小池」裡，混不出名堂。我在前幾章都提過，揚松「非池中物」也！不到大陸，失去太多事業發展機會，他的管理顧問，教育訓練是中國最欠缺的！

第五、揚松的詩寫不下去，詩人也當不成。因爲「去中國化」即表示也要「去中華文化」，有關中國的文學藝術，都以中華文化的活水源頭，現代詩也是，必須以中華文化爲詩的血肉靈魂；若完全抽離中華文化的「奶水」，寫出來的現代詩，只是一堆無血無肉無靈魂的「文字骨格」，無人能懂；再說，即要「去中華文化」，連「中國方塊字」也不該用，因爲中國方塊字是中華文化的基本元素。

揚松雖有政治企圖，卻也有政治智慧，使他做了正確的選擇，沒有加入民進黨，沒有成爲政客一份子，前面那五點「假設性狀況」也就不會發生在揚松身上；反之，即成就了現在的范揚松，他的事業老早「反攻大陸」，版圖橫跨兩岸，由揚松所主持的「歐洲大學」碩博士班今年（二〇一二）起，也在大陸成立並開始招生。

揚松的培訓工作遍及全中國，他在北京、上海、四川、福建、廣東……講學，也寫了無數的「講學詩」，都是別俱一格的現代詩作（後說）。

揚松不去從政對他的人生大業還有一個潛在利益可以保證他不會腐化、惡化、黑化，不管多神聖、清高的人格，進入像台灣這種惡質政局三年，說他不變壞是不可能的。這是中國歷史上地方政權的悲哀，無藥可救的局面。像王建瑄這種「聖人」，馬英九這種「不沾鍋」，在台灣沒辦法做事，只能混日子。

揚松未從政還有一批真誠的朋友，如吳明興、吳家業、許文靜、曾詩文、周喬安、鍾慧敏、方飛白、胡其德、陳在和及我等（見「三千食客」章）。他若去從政，不僅我等這些好友全都結束了，從此再也找不到真心的友誼，他只是一個用靈魂交換利益的政客，過著有權多金而七分像鬼三分像人的生活！

揚松未去從政，他專心於自己的事業，創作、寫詩，研究「客家學」，八十二、三年間，他在全國客家文化學術會議上都有宏論提報。到民國八十四年間，他所主持成立的「金台灣出版公司」和「大人物管理顧問公司」，已經出版許多經典書籍，其中最著稱是《全方位生涯經營大志典》（李豐楙教授召集，共出一百冊）、《台灣的24小時攝影集》（杜十三任總編輯、動員三百多攝影家），以後轉型升級製作電子資料庫二十幾種，絕大部屬中國文史哲資料、知識庫，現全球有千餘個圖書館在使用等。

總之，好險！揚松沒有成爲政客的一份子！他未來無限寬廣的天地，任他揮灑，全中國是他市場，十三億多同胞是他的目標客戶（其中很多是他的粉絲），一支詩筆可以在神州大地書寫他的豪情，而五千年中華文化是他取之不盡的文學活水。

當然，范仲淹是他光榮的先祖，典型在夙者。

雖然揚松一度想從政，且付諸行動，但終於在選風惡質化下退出，保全清譽，對政治的熱誠並未消退，只是後來轉為政策制定參與，或為政府高級文官，地方首長授課培訓，企圖以一己之力繼續為改革社會盡一份心。

第八章 版圖擴張・前進中國的生與死

范揚松從服完預官役，碩士畢業後，在管科會、北區房屋公司等各職場，一路走來，竟到了「一九九五閏八月」。洄溯這段人生初期的跡痕，披榛斬棘，披星戴月，他想做什麼？他要什麼？他要走向何方？

據我的觀察、理解，盡管在管科會也算發揮了他的專業長才，在北區房屋他揮灑的空間更大，但這些皆非揚松所要。這些地方不論多風光，都是別人的舞台，別人的戰場，替別人做事；揚松要的是自己的舞台、自己的「場子」，完全由自己掌控、指揮的戰場，他是自己戰場的戰地指揮官，他要打一場人生的決定性戰役。

他想要劈天開地，他是善於找機會和創造機會的人，雖機會未到，他始終保有旺盛的企圖心，滿滿的信心，「此人，今之水鏡也，見之若披雲霧，覩青天。」

范揚松三十六歲獨資創業，本章所講大約從民國八十四年揚松三十七歲，到民國九十年他四十四歲，我把這幾年定位在「事業奠基、版圖擴張、前進中國」。確實，往後揚松的事業版圖得以發展，跨足兩岸，且在華人管理界為產官學所注目，基礎都在這個階段打穩的，兩岸媒體爭相報導范總經理。

「負債經營」起死回生

「羅馬不是一天建成的」，天底下的成功事業都不是突然「從天上掉下來」，范揚松旗下現在有聯合百科、大人物和金台灣三家公司（不含大陸的分公司），及台灣創意產業管理協會，都是長期努力，長期的艱困中打拼出來的，一步一腳印。

大約八十二、三年間，揚松與友人黃鐸合資的人合物力流通公司，以《全方位生涯經營大志典》一百冊、《台灣的24小時》兩個大案，帶動公司業務開展。此期間，爲開拓財源，承按昔日老友游日正競選立法委員的選舉文宣規劃、印製工作等，也順利協助游日正當選立法委員，此外亦接手地方選舉的文宣業務。

所謂天有不測風雲，商場如戰場，情況瞬息萬變。次年（民84），出版社的大股東黃鐸因個人財務發生困難，竟使出版社面臨不能營運困境。最後遠走天涯，撒手不管，揚松眼見自己投資及借支給股東的三百多萬，也幾乎是瞬間化爲烏有。真的是財富不會從天上掉下來，無情的打擊卻隨時可能從天而降。

但危機未必是死棋，智者化危機爲轉機，讓死棋生出活路，進而反敗爲勝，古今中外也多得是實例。揚松判斷主客觀情勢，決定自己獨立承接出版公司持續營運，另一用意也避免員工失業之苦。這是范揚松與眾不同的思維，放眼天下，那家公司面臨倒閉，都是先叫員工「走路」，揚松卻接手一個要倒閉的爛攤子，爲使員工不要失業。

揚松承接這個人合物力公司，也同時承接大筆債務，只是把名稱改成「大人物管理顧問公司」，所以揚松起家時已是「負債經營」，爲維持公司營運，揚松拚命到各企業、機關授課。結果因日夜顛倒過度勞累，加上營養不良，免疫系統失調，得了過濾性帶狀皰疹，左臉及額頭潰爛，經治療多時才痊癒，揚松也感受到生命如此脆弱，所幸李政育中醫師診治得宜，妙手回春。

大人物管理顧問公司上路了，次年（民85）開始業績倍增，他們承接美台電訊委託有線電視營運計劃書撰寫案，獲利頗豐，四千萬的顧問案，撰寫十二個地方電視台計劃書，動員教授研究二十餘人，一年內獲利千餘萬，此後大人物在穩定中快速發展。

但在民國八十四年，大人物公司所出版的兩本書，當時可謂「轟動武林、驚動萬教」，即本書作者陳福成著，《決戰閏八月》和《防衛大台灣》二書，因這兩本書論述，大陸《北京軍事專刊》封陳福成爲「台灣軍魂」、名戰略家，殊不知其「製造廠」在揚松的公司裡。（這是後話，本書後部再述）

中國經驗初體驗

早在揚松擔任虹成執行副總的時代（民80），已有第一次「中國經驗」，那一回「不安又好奇」；沒想到隔五年後（民85）的九月，揚松已應聘擔任中南工業大學客座教授。

後一九九七年開始，揚松把大部份資金投入中國開發全文檢索技術及資料庫製作。其第一個專案爲「解放軍報」四十年資料庫，耗時一年六個月，結果面臨若干問題，導至產品滯銷，這個挫折也形成幾年的經濟壓力。（詳見後部張軍毅「深圳公司的發展歷程回顧」一文）

爲免受制於人，揚松只好獨立成立深圳全智庫電子公司，獨立研發檢索技術。到一九九八年時，已研發出把「人民日報」五十年標題全文檢索，獲得「中國科技獎」，中國科學研究院院士張效祥稱頌這套軟體，是一套設計思想先進，結構合理、實用性強、檢索效率高及綜合性能已達國際先進水平的全文檢索系統。（註一）也大約這時候，計劃與大陸司法部合作開發的「中國法律資料庫」，將近二億字資料作全文檢索。

至此，揚松在北京、天津、廣東等地區開辦管理培訓課程。但天底下似乎沒有始終順境的，老天爺偶然總要給人弄些意外狀況。一九九九年揚松承接一個大案，香港《九〇年代》雜誌社長李怡（著名政論家）委託，製作全部雜誌光碟資料庫，因該雜誌因支持六四民運，十分敏感（曾被認定是反動言論）。於是，深圳公司受到安全單位調查、監聽核心幹部被軟禁協助調事深受「紅色恐怖」之苦，大陸全智庫公司因而暫停運作，轉爲用外包方式進行所有工作。揚松經歷四個月恐懼、不安，長達四個月不敢進深圳。

在中國經營資料庫事業險象環生，步步驚魂，揚松在人單勢孤之下打拚，碰到資料被強佔，設備被搬走，幹部被國安單位拘留，公司瓦解又重組，人身安全被恐嚇，經歷數危機。揚松出差上海，在簡陋的旅館內以弘一大師的偈嵌頭，寫下了〈等待一個悸動〉。這首詩演繹著老范想起愛妻伍翠蓮伴隨他艱苦創業，內心的感動燃燒出奮鬥的動力。再者，創業的窘境也是生命的悲涼之旅，讀之令人鼻酸，茲錄於下：

問天：天兀自旋轉，兀自凝視不語
余豈好辯？滔滔江河向兩岸激烈爭吵
何處是歸程，何處是心中上升的殿堂
適時悲憤，終究挽回不了歲月匆匆變臉
廓然蒼穹，曾預演多少星象，卻也不過

爾爾，我埋身亂石堆裏，卑微如草
忘記霜雪的侵蝕，舔著傷口，學著
言不及義，狠狠將自己出賣給風花雪月

華麗背後，藏有難以數齒的寂寞
枝頭的獵鷹，洞悉季節裏不安的慾望
春天不遠？祇是土地仍壓著厚重冰雪
滿目蒼蒼，等待一個悸動一個翻醒

天色在明黯中剝落，蟲獸唧吱交合
心是不沈島嶼，迎向黯礁惡浪與未知
月夜如海，仰望成為堅持不渝的信仰
圓弧乍現：一顆星躍向天際沈默地燃燒……

二〇〇〇、十、十六　上海

經數月事件才平息下來。這一年揚松也與四川萬康、上海 AMA 公司合作，開拓大陸管理培訓業務。因內容和教學方式大受好評，開課量頗大，但授課收入大都挹注大陸公司軟體技術開發，省吃儉用睡公司沙發床吃盒飯，頗獲員工愛戴。

進入千禧年，揚松在大陸的事業已然得心順手，在穩定中發展，不少兩岸媒體以他的「中國經驗」爲典範，爭相訪問、報導。在擔任「冠軍磁磚」大陸行銷顧問這個案例中，因工作範圍遍及八個省市，有機會深入各地，對大陸市場進行普遍性的認識，尤其台商的經營管理研究，發表「台商赴大陸投資人力策略研究」和「大陸台商知識轉移初探」兩篇論文，自此媒體常以中國產業專家身份邀他上節目。

千禧年後，揚松儼然是進出兩岸的空中飛人。《財訊》雜誌在一篇專文，「穿梭中國大陸的專業顧問們：范揚松、史芳銘經驗談」說，中國大陸就像一塊超強的磁鐵，吸納了全世界的英雄好漢絡驛於途，穿梭在中國各大城市。這篇報導以范揚松爲例，報導他每月應邀到大陸爲當地國營企業或台商主管級幹部講授企管課程。（註二）配合大陸經濟規模日愈強大，企業家數日漸增多，對管理知識需求與日俱增。揚松的大人物管理顧問公司開發二天管理培訓課程，重點放在「大訂單策略銷售」、「顧客滿意和忠誠管理」，十分受到歡迎，每月主持二到三次課程，每月多次往返中港台，足跡遍及大陸許多省市和大學。最後也爲一些書記，官員或校長授課。

揚松每到一地講學、授課，除專授他的智慧知識外，也爲各地特色寫詩發表，所以他也寫了許多「講學詩」，本書將在相關章節略爲介紹。

按鈕索驥瞬間獲：數位化、電子資料庫

這部份本書後部尚有論述，這裡僅先略說開發經過。我記得在民國八十三、四年間，揚松就說「平面出版不行了」。那時他已看見未來電子出版的趨勢，但開發成功則到一九九七年的「解放軍報四十年資料庫」和「廿五年財訊光碟資料庫」，數十年堆積如山的紙本書籍雜誌，藏於幾片光碟中，幾秒鐘可以從電腦中叫出所要，這是驚人的科技。

接下來是民國八十七年的「傳記文學三十六年光碟合訂本檢索資料庫」，獲得高度評價，被選爲八十八年度十大出版新聞之一，海內外銷售情況甚佳。同年，受中國國民黨黨史會委託，製作「近代中國光碟資料庫」和「蔣中正言論總集網上資料庫」，皆順利完成，而後者第一次製作網際網路資料庫，對公司技術是一大突破。

從解放軍報、傳記文學、近代中國、蔣中正言論集等，都是數億字的光碟資料庫，公司製作技術日愈精進，且這些都是知名度很高的報章雜誌，公司的信譽名聲在業界得到肯定，生意自然就上門。范揚松決定再集資投入《台灣文獻叢刊》全文圖像光碟資料庫製作，約以一年完成，公司全部獨立製作。

未來的幾年，大約到二〇〇二年爲止，持續完成《台灣史通志稿》、《整修台灣省通志》、《重修台灣省通志》、《台灣文獻》、《光華雜誌25年》、《古今圖

書集成》、《科學月刊30年》、《品質管理月刊38年》等，諸多大部頭文獻及數十年數百期知名雜誌，都變成數位化，藏於幾片光碟中。揚松開發的產業，是當代知識、科技產業的先趨。

此期間，揚松在國內的電視、電台和政府機開，開始有他的重頭戲。例如，公共電視的客家訪談，主談客家企業的發展；在復興電台「與成功有約」，專講企管、生涯經營，長達數年，內容涵蓋兩岸、文學等；應行政院人力發展中心、成功大學邀請講授管理課程；受邀任台北市政府民政局審查委員，主審客家研究委外案資格與內容審查。

人生很奇妙，有時候你走到一個轉折，這個轉折是一種二選一的「零和遊戲」，只有是與非、生與死的選擇，走錯一步即死無葬身之地，有時候你走到一個奠基階段，你要抓住機會，打好基礎，未來自有你的天下，有你的版圖。

註釋：

註一：王國華，「按鈕索驥瞬間即獲、浩瀚繁經盡在眼前」，《中國通》雜誌，一九九八年十一月。

註二：鄭功賢，「穿梭中國大陸的專業顧問們：范揚松、史芳銘經驗談」，《財訊》雜誌，二〇〇一年四月。

附錄：張軍毅，深圳公司的發展歷程回顧

按：本文是范揚松在深圳的經理人張軍毅所作，張先生從未和我們這群朋友在台北聚會，但我以為他是揚松「人脈存摺」的重要成員，且本文能以最真實呈現揚松在大陸發展事業之困難，他比我們任何住在台灣的人更清楚揚松怎樣打拼的！

深圳公司從無到有，並發展到今天，經歷了非常曲折而勤辛的道路。在這艱難的道路上，由於范教授的正確領導、不遺餘力的資金支援和全體員工的團結拼搏，我們跨過了一道又一道難關。

公司的起步應該從一九九四年下半年開始，但當時掛靠在海南燕海實業有限公司名下，此公司由李金波掌控。一九九五年上半年製作人民日報標題全文檢索系統，這是中國第一套真正意義的全文檢索資料庫系統。一九九五年下半年，開始製作《解放軍報光碟》全文檢索系統，由於合作者李金波、唐濤濤、唐五一的貪婪，使我們付出了慘痛的代價，從而，也迫使我們自己組建公司。

一九九五年上半年和一九九六年上半年，一切好像風平浪靜，然而，卻暗藏殺機，三個合夥人都有巨大的陰謀，隨時準備吞併我們的財產。

首先是李金波的陰謀。一九九六年三、四月份李金波開始變臉，故意拖延軟體

開發的進度，嚴重誇大工作的難度，目的是爲了向范教授訛詐更多的錢，供他在深圳花天酒地。那段時間，他幾乎每個晚上都在夜總會度過，上午睡覺，一副大老闆的氣派。在這種逼于無賴的情況下，經范教授同意，並得到范教授全力支持，我開始私下組建技術開發團隊。先找到了李國軍，經過短時間的考察後，我覺得他的基礎很好，便決定將自己所掌握的全文檢索精髓，全部告訴李國軍，並由他發揚光大。原因是我要騰出手來解決另外的非常棘手的問題。現在反過頭來看，當時的決定是完全正確的。從那時開始，我們經歷了漫長的技術開發、人才培養、技術積累等艱難的道路，先後引進了劉昭勇、李卓成、曹海燕、羅澤輝等優秀的技術人員。到現在，我們已形成了自己獨有的技術體系，可以開發任何文字的全文檢索系統。一九九六年七、八月份，我們與李金波終止了一切合作關係。但這時他已給我們帶來了巨大的經濟損失，保守估計在一百萬人民幣左右。一九九七年初，我們完成了《解放軍報光碟》全文檢索系統的開發工作，獲軍隊科技進步二等獎。接著《解放軍報光碟》全文檢索系統，被以中國科學院院士張效祥教授爲主任委員的技術鑑定委員會定爲「國內領先、國際先進」的全文檢索系統。至此，我們徹底解除了李金波的威脅。

唐五一的陰謀。在處理李金波問題時，唐五一的陰謀也開始暴露出來，由於解放軍報的資料錄入工作，是由唐濤濤發包給唐五一來完成的，他的手段與李金波相似，也是故意拖延時間，遲遲交不出成品資料，找的藉口是價格太低，我去長沙時，當著我的面痛哭流涕，說他因爲承接了解放軍報的資料錄入工作，價格太低，公司即將倒閉，與唐濤濤一起遊說我，要求范教授提高價格，被我斷然拒絕。他看到軟的不行，便來硬的，從那以後，拒絕結算、拒絕提交任何資料，擺出一副無賴架勢。在這種情況下，我們只好重新組建資料錄入團隊，找到了長沙的柏總，由他負責組建新的團隊。在柏總的努力下，新團隊很快成立，但嚴重的事情發生了，唐五一拿了錢不但不交資料，還把解放軍報的報紙全部扣留，不予交還，柏總也一籌莫展。無他法，我只好通過湖南省軍區，調用他們一個排的兵力，將唐五一的兩層辦公樓全部封鎖，然後，逐個房間搜查，將所有的解放軍報報紙強行拉走，有解放軍報資料的硬碟也強行帶走，唐五一的問題得到了解決。但遺憾的是，由於唐五一詭計多端，我們帶回的硬碟中的軍報數據根本沒法用，這也給我們帶來了巨大的經濟損失，損失應該超過人民幣一百萬元。

唐濤濤的騙局。製作解放軍報光碟，從開始就是唐濤濤炮製的騙局，他與解放軍報社簽訂的製作合同、發行合同都是假的，公章全部是自己僞造的，目的就是騙取范教授的製作費，對於發行，他根本不關心。等全部工作完成後，到發行時才知道報社根本沒有任何承諾，我們才知道受騙上當，發行工作遇到了極大的困難。也正因爲這樣，公司以後的道路才越來越艱難，因爲沒有運作資金了。

爲了公司的運作，爲了公司的同仁，范教授 只好每天到處講課，用講課的血汗錢來維持公司的基本運作，其間的艱辛只有他自己和與他共同走過的員工才能理解。這是一個負責任的人、一個有道德的人、一個對事業有追求的人才能做到的事。

在范教授的苦苦支撐下，到了一九九八年，情況開始好轉，我們接到了委託加工業務。但天有不測風雲，在劉昭勇先生帶著《九十年代》和製作費來深圳時，由於當時《九十年代》非常敏感，屬於反動刊物，劉昭勇先生被海關扣留，接著被國家安全部門扣押，錢、物都將被沒收。我在深圳苦苦等待，非常著急，情急之下去了深圳海關，正巧碰到劉先生被便衣帶走，我意識到問題的嚴重性，我已準確地判斷出，那些便衣就是國家安全人員。我立即給這個部門的朋友聯繫，請求他的幫助，好在朋友鼎力相助，使問題很快得到解決，放出了劉先生，退回了我們的錢和物。

這十幾年來，深圳科信源實業有限公司一直以技術開發爲重點，完成了數時億漢字的資料庫建設，總投入已超過一千萬人民幣。但銷售情況不好，員工福利待遇偏低，但由於對公 司有感情，敬重范教授的爲人，所以大家一直堅持與公司一起打拼。這些年來，遇到資金困難的時候都是范教授通過借支、調度、貸款等手段補貼，希望以後有好的銷售業績，把范教授從沉重的經濟壓力中解放出來。否則范教授二頭燒，實在付出太多。

值得驕傲的是無論再困難，范教授及其夫人伍小姐都沒有放棄數位化出版的理想，從代工到品牌產品，從自產自銷到代理經銷全面性發展，有了具體的成果：

一、經典人文社會學刊全文檢索資料庫

- 中研院史語所集刊全文檢索資料庫
- 漢學研究全文檢索資料庫
- 中研院文哲所集刊
- 思與言47年知識庫
- 鵝湖35年知識庫
- 近代中國29年知識庫

二、漢學藝術系列

- 標點古今圖書集成
- 傳記文學36年知識庫
- 歷代書法碑帖集成
- 雄獅美術知識庫

三、軍政系列

- EVC世界地圖庫（二〇〇九年最新版）
- 九十年代29年知識庫

・俄羅斯綜合知識庫（最新英文版）
・解放軍報54年知識庫（二〇〇九圖文版）

四、商管總列

・財訊31年知識庫
・品質月刊45知識庫
・EMBA位學院（101門新課）
・哈佛商學院影視案例集成
・歐洲商學院MBA核心課程全集

五、台灣系列

・台灣文獻叢刊續編（新增25部）
・台灣文獻叢刊（全文圖像版）
・光華雜誌智慧藏

六、電子書系列

・三十六計古學今用案例庫
・牛頓雜誌電子書
・小世頓有聲電子書
・重現世界歷史電子書

七、愛如生中國古籍系列（共百種）

更值得驕傲的是我們屢次獲得政府單位的獎項：

一、軍報檢索系統獲科技進步二等獎。

二、二〇〇六年「歷代書法碑帖集成」獲數位出版創新獎。

三、二〇〇七年「台灣文獻叢刊續編」入圍數位金鼎獎。

四、二〇一〇年「中研院史語所集刊」獲數位金鼎獎。

五、二〇一一年「經典人文學刊庫」獲資策會輔導申請科專補助。

范教授的前瞻眼光、策略思維、財務支持，結合伍小姐的編輯選材、技術要求以及深圳公司強大的技術實現能力，我們設立十餘年，創造出輝煌的成果。

公司發展到今天，確實不易，我們應該珍惜來之不易的今天，好好把握機會，各盡所能，團結一心，不能有各自爲政的想法，全心全意地把自己的工作做好，使公司有好的、快的、大的飛躍，讓員工有好的福利，不再爲薪資發愁。

現在伍小姐又有了宏偉的目標，拿到了很多資料庫的授權，我相信，在范教授和伍小姐的共同領導下，公司的前景一定非常光明！我贊同范教授所言三位一（合）體的觀念，技術研發是發展的根源，必須持續創新技術，范教授爲人正直無私，克勤克儉爲同仁所欽佩，也都接受他的領導，未來的發展以范教授爲依歸，更需要伍小姐在編輯上的才幹與質量、技術團隊的全力管控、依指示完成任務。范教授辛苦而危機四伏的創業歷程，深圳的朋友伙伴都知道並十分肯定。十餘年兄弟般的情誼，我們與聯百、大人物公司三位一體互相協力，共同開創新契機，這是我衷心期待的。

深圳科信源實企業有限公司　張軍毅

第九章　「新竹現代詩人」與「葡萄園創作獎」

《竹塹文獻雜誌》（The Hsin-Chu Journal of History），第二十二期（二〇〇一年元月號），主編楊宗翰先生策劃、主編「新竹現代詩人群像」，約以二十世紀一百年間，在現代詩創作上能爲典範，選出最有代表性的六位「新竹大詩人」，范揚松是六詩家之一。

中國自古以來重視族譜、地方誌書寫，歷代都要修纂，讓族人光榮史蹟永垂不朽，永留芬芳。是故，《竹塹文獻雜誌》雖只是地方縣市級（每期由新竹市政府發行），但對詩人的重大意義，甚至超過了全國性的國軍文藝金像獎。本文依據該期雜誌所述，略爲簡說，明白范揚松入選竹塹六詩家之一的理由。

「新竹現代詩人群像」緣起

新竹地區自清代即被稱爲「北臺文學之冠」，可見其古來文風勝台北。《竹塹文獻》之前已兩度以文學爲主題，推出「文學與歷史」（十三期）、「新竹在地與外地作家的文學」（十八期）。本（二十二）期焦點轉至現代詩，主編楊宗翰先生策劃「新竹現代詩人群像」專輯。爲求慎重，特邀約趙天儀、鄭慧如、莫渝、張默、李豐楙、丁威仁六位學者專家，針對有出版過個人詩集（認爲是詩人身份證）的新竹地區現代詩創作者爲討論對象。所提出討論的六位詩人是：（註一）

㈠周伯陽（1917-1984），著有詩集《綠泉的金月》（1951）、《周伯陽詩集》（1977）。

㈡陳秀喜（1921-1991），著有詩集《斗室》（1970），《覆葉》（1971）、《數的哀樂》（1974）、《灶》（1981）、《嶺頂靜觀》（1986）、《玉蘭花》（1989）。

㈢杜潘芳格（1927-），著有詩集《慶壽》（1977）、《淮山完海》（1986）、《朝晴》（1990）、《遠千湖》（1990）、《青鳳蘭波》（1993）、《芙蓉花的季節》（1997）。

㈣李政乃（1934-），著有詩集《千羽是詩》（1984）。

㈤范揚松（1958-），著有詩集《俠的身世》（1980）、《帶你走過大地》（1983）、《木偶劇團》（1990）。

㈥莊雲惠（1963-），著有詩集《紅遍相思》（1988）、《心似彩羽》（1990）。

以上六詩家約略跨在二十世紀的一百年間，到雜誌刊行爲止，除周伯陽、陳秀喜兩位詩人已仙逝，餘仍在世，李、范、莊三家持續創作中，杜潘芳格於一九八二年移民美國後，不得而知。

范揚松的入選是學者詩家推薦，李豐楙教授提「嚴謹與浪漫：范揚松詩兩種面向的合一」上萬字論文，供討論與檢驗。出版的詩集是基本門檻（如同身分證），但詩質、詩性、創作理念和態度更是決定勝出的因素。李豐楙從詩人自認的「嚴謹與浪漫主義」爲主軸，區分三個切面剖析揚松詩作：㈠其生命、成長歷程中如何形成、表現此種浪漫性格；㈡解說其語言策略，造成其詩藝的特質；㈢說明其前期的主題及近期的力求突破，總是與他一貫堅持的浪漫主義有關。（註二）以下三項略說李豐楙的剖析。

李豐楙評范揚松現代詩的三個標準

詩（不論傳統詩詞歌賦或現代詩），好壞的標準很難有「統一認證」。古今中外也有無數作品討論「好詩的標準」，大體上也仍無「統一理論」。余以爲，這是文學領域的常態與好現象，文壇本應有百花齊放，一花一世界，呈現多采樣貌。試想，若文學也像物理、化學、數學，用統一的格式、程式表現，「電腦」就可以當詩人了。

詩（含任何文學藝術作品）雖無統一好壞標準，但一定有「被人喜愛、被人傳誦」的原因，若能「被很多很多人喜愛、被很多很多人傳誦」，那就是永垂不朽的經典之作。如李白、杜甫、蘇東坡……的作品；又如《西遊記》、《紅樓夢》、《封神榜》等，都是相同的原因。

這個「相同的原因」是什麼？我以爲不外乎「能與人共鳴、能感動人心」，至於那些形式規格對否？意象經營又如何？佈局怎樣？所謂的詩語又如何等，雖說也重要，但非「關鍵性、決定性」原因。

多年來我賞析范揚松的詩，曾發表過多篇論文，基本上就是從「共鳴、感動人心」這個窗口進入。我研讀李豐楙推薦和評論范揚松詩那三標準，就在這窗口。

（一）背景與成長歷程型塑「嚴謹與浪漫主義」的俠者形像

關於揚松從童年、少年、青年一路走來，他的成長歷程，形成他的「俠」者形像，可詳見本書第一至四章相關論述，此處不再贅言。

但李豐楙所指出者，其剖析比我更深入清楚，而認爲「風雪大辯論：兼致我的弟兄魏京生」、「太史公曰」、「我在槍聲追逐裡死去：李師科最後的話語」等長詩，都是浪漫主義慣用手法，他的浪漫性格乃從「俠」出發，投射到他所有的作品，表達其生命人格的真實感，這正是他的特質。

確實，揚松詩作中（乃至其人）最珍貴的「原素」，就是那股氣是俠情散發出來的「嚴謹與浪漫」。中國人（含海外華人）愛看武俠片，就是欣賞俠的嚴謹與浪漫，在中國常民社會中，「俠」是藏於在野民間中華文化的核心價値。

俠的嚴謹，因爲他要遵守俠的道德規範，維護清高的形象，扶助弱小，打擊邪惡，確保武林（社會）正義得以發揚。這很辛苦，也很嚴謹的人生使命。

俠的浪漫，因爲他喜歡自由自在。（註：人在現實社會中很難且幾乎不可能自由自在，想要得到最大的自由自在，徹底解放、自由，只有在文學創作中。）無拘無束的生活，來無影去無蹤，與天地合而爲一。俠只有「紅粉知己」，沒有「老婆」，若有「妻」便俠不起來了。「俠」，在中國常民社會，就是吸引人、受崇拜的形像。

（二）語言策略造成其詩藝的特質

李豐楙所指「語言結構分析」，是現代詩評家分析現代詩語言之途徑，如名詞的原始性和修飾性、形容詞附加修飾語的多寡，動詞的傳統性和奇變性；而在語法結構上，偏於長句或短句，或是講就字質、語言的密緻與散文化。如此形成相差的互異構詞，分別造就詩人特有的詩藝風格。（註三）

揚松「嚴謹的浪漫主義」，基本上即是語言融籌上偏於精緻、豐腴的一路，所以有古典的節制與嚴謹，口語和詩語間試圖平衡，如情詩「塑」。（註四）

許久，妳僅在夜央裡綻放
如花，瞳眸映有千萬澄澈的
我──緣花的呼吸而翩翩起舞
多麼驕傲的斑紋啊！依然如是
繽紛的喜意始終飄浮你身旁
ＳＣ，我幾寧願如此滿足地死去
不攜去金錢和攝人的名氣；
祇自自私私竊取你的一綹髮
這是不可告訴你的秘密，ＳＣ
每當月亮輕輕走過我蟄居的窗
思念便細緻的將妳塑成
一盞盞
一盞盞
笑吟吟的
花

這是早期揚松的情詩，充份用花、髮的意象，呈現他的情愛美學。在語言上多用成句來修飾語。按李豐楙分析，揚松到第二本詩集在語言策略運用上更圓熟，如「帶你走過大地」。到了第三本詩集《木偶劇團》，嘗試採用代言體，虛擬了「我們」，「我」作爲一種面具，目的是要「客觀呈現」，如「雙連坡所見」。（註五）

李豐楙的研究也發現，范揚松隨著年歲增長，進一步凝練詩語言成爲心事的隱喻，寫詩已不只是浪漫，而是心事的自我告白。「爲自己出征」。（註六）

你將遠行，攜帶劍及盔甲面具
戰鼓擂醒心中的河嶽，為愛出征
一雙雙詭異瞳孔，懸掛成星雲
窺視此行的陣仗與夫步步驚險
甲冑熠熠閃著傲氣，森森然——
劍光寒冽地刺向蒼穹，揮舞著
面具裡的臉龐，可依舊對抗歲月
抑或在嘲諷中剝蝕，如岩壁般
一場愛與意志在對峙中決裂
……

劍的鋒利，隱沒的妖魔知道
它的溫柔細緻，只有你知道

憑藉劍的意志，將步入時空蠻荒
魍魎出沒，霜雪在肝膽間結晶
以多面貌折射，反覆深測此去的
真偽險巇？一片鬱鬱濃密雨林中
有斷崖絕壁，有瘴癘蛇蠍
有節奏狂亂的舞蹈與儀式
忽隱乍現，不斷地逗引著——
穿越重重迷霧，為自己出征

「爲自己出征：悼念恩師曹國雄博士並自勉」部份

這是「爲自己出征」詩的部份，詩人一再彰顯「劍」的意象，因爲劍是「俠」重要的隨身兵器。（另：武功極高強的俠者，如楚留香，很少帶劍或用劍，他任意取一片樹葉就可以成爲厲害的兵器，但揚松這位「俠」者，畢竟尚未到達這種境界。他正在努力修煉，距上乘之境已不遠。）就詩而論，李豐楙特注意這首詩語言之密緻，把詩人複雜的感覺藏於繁複的意象語中，從浪漫主義者的姿勢觀察，這種嚴謹促使內容和形式合爲一體，內心的風景於此乃能定影定相，是爲入世後詩人所堅持的浪漫，久經世事終能定調。（註七）

（三）前期的主題及近期的力求突破都保持一貫的浪漫主義

范揚松的詩創作雖有幾年因工作關係停頓，但就前半生論，他的創作還是完整的，文學始終在他心中有一塊豐美的田園。而他的浪漫主義更是一以貫之，從《俠的身世》開始行走江湖，《帶你走過大地》「永遠的旗幟」，《木偶劇團》中的「致ㄞˋ書簡」、「風雪大辯論」、「太史公曰」及李師科、島嶼一九八四等等，揚松都在詩中有意的緊扣俠的意涵，浪漫的本質始終如一。近期出現的「嚴謹與浪漫之間」這首詩，或許已可以爲這位俠者「蓋棺定論」——他這輩子鐵定就是一匹「嚴謹的浪漫主義者」。（註八）

一匹獸，潛伏在嚴峻的岩層裡
默默承受整座山的重量，默默
睜裂的瞳孔，望穿熙攘的綠女紅男
以及流溢四處，屬於金權城市的欲望

這是永遠的刑罰？他無語而咆哮

一匹獸，想著奔馳山林曠野的姿勢
狂飈的蹄聲，踩過風踩過雲，踩過
自己恣肆的髮，一種速度的引爆
在山巔海湄，在愛慾波濤洶湧中
在趕赴年少盟約的青春歲月裡

一匹獸，繫著啷噹卻鏽蝕的鎖鍊
在鞭響與喝斥聲中，努力演出高難度
動作；躍上、跳下，兼傾斜地旋轉
然後，訓練有素地待潮湧般喝采
然後，默默舔舐身上剛剛癒合的鞭痕

一匹獸，令人敬仰又馴服的獸，呵呵
人人稱牠為「嚴謹的浪漫主義者」

從「年少盟約」的浪漫愛情，到投身現實社會，詩人曾經思考過文學的方向、詩的真實性，甚至陷入一匹「獸」的掙扎。但他終究在企管顧問之外也走出一條浪漫的文學路，這種堅持還須要一種客家子弟的「硬頸」精神。

做爲一個「嚴謹的浪漫主義著」，到了天命之年，想必這位被朋友們常叫「儒商」、「儒俠」的范揚松，他的「劍」已經無形，一枝筆是劍，一片樹葉也是劍；而生活已是詩，生命更是詩，企管如詩，到處講學便到處有詩。文學對浪漫主義者而言，是一種無怨無悔且美麗又理想的世界，進入這個世界愈深，愈能得到完全的自由自在，愈可以獲得最澈底的解放。范詩爲何吸引人、感動人？因爲俠，因爲浪漫。

以上是針對《竹塹文獻雜誌》專文提論，范揚松入選「新竹現代詩人群像」六詩人之一，以李豐楙的論文爲主略爲概述。該期雜誌各評論者對六家之檢審，五家都算客觀中肯，唯我讀丁威仁對莊雲惠現代詩的評論，有陷謬誤之說的「明顯證據」（註九）此種論述，若非雜誌本身有矛盾，便是評論者（丁威仁）的矛盾，因這部份已非本書著墨範圍，故不多言，趣者可自行閱讀該文。

葡萄園詩社創作獎：「不僅僅是幻覺」形像詩

在揚松所有現代詩創作（約五百首詩），少數中的一首「形象詩」（有稱象形詩），是「不僅僅是幻覺——記九一一慘案之一幕」。這首詩於二〇〇三年十月，獲葡萄園詩社四十週年詩創作獎，後收錄於揚松的第四本詩集《尋找青春拼圖》一書，全詩抄錄：（註一〇）

亮晃晃，鬼斧神工華麗奪目的雙子星，奮力拔起
高舉而旋轉曼哈頓無限蒼穹，千萬旅人匍匐朝聖
金閃閃，豔光四射帷幕玻璃狠狠地擦亮過客臉龐
刺向浩瀚的資本帝國意志在塵囂之中莊嚴聳立著
鋼骨結構抓緊重重疊疊十字架
爆炸霎那，鬼魅魍魎總動員
神鬼奇兵，自好萊塢破鏡
而出，所有心臟頓時激進
鮮血，噴灑如花瓣繽紛
在帝國主義的領空
之上，殘肢斷骸

插入每個視線
之中，驚駭
跌落意料
之外，然
後崩塌
倒下

蜂
擁
而
至
的
眼
瞳
，
憑
藉

微
弱
心
跳
抵
抗
顫
慄
，
驚
心
瞪
住
八十七層樓急遽下墜——下墜墮入地獄的頭顱與尖叫聲

二〇〇一、一、十作
二〇〇二、五、四 修訂

首先要指出這首詩可欣賞的地方有兩處，一者「有」（文字部份），一者「無」（空白部分）。葡萄園詩社審評此詩，諸審評者同感「內容與形式形成有機一體，互相引發閱讀效果。」

從形像看，前兩段每段二行從地面拔起聳立入雲端，代表事件未發生前的莊嚴奪目，象徵不可一世的資本主義帝國；接著受到攻擊、爆炸、崩塌、倒下；接著，瞬間，原來的大樓空間成了一片空白；最後一行，只是一個時間的洄溯，觀想大樓的倒塌過程，不過是一瞬間。

關於「九一一事件」，余以為美國人罪有應得，因果報應，自其強大、質變成一隻地球上的「頂層掠食者」。也因而有機會，由美國人「論證」資本主義的霸權本質，不適合人類社會，各國應盡早為「資本主義式的民主政治」，辦「後事」。許多人或許對「九一一」的政治、歷史、戰爭層面更有興趣，可讀筆者另著《第四波戰爭開山鼻祖賓拉登》一書。（註一一）這個領域因非本書範圍，故亦不論。

「不僅僅是幻覺」詩是二〇〇三年獲獎，前一年即獲入選竹塹六家詩人之一。二〇〇二年揚松再創作和事業都是得意的一年。有不少詩發表，如「走失的臉」、「旋轉的年輪」、「梵谷給我一隻耳朵」、「屈原投江前的猶豫」。其中「屈原投江前的猶豫」一詩前後即為形象詩的寫法，形式內容合一極受詩評論者，西安外國語大學田惠剛教授的肯定與推崇認為這是一絕！

屈原，投江前的猶豫

論辨滔滔的暗箭，紛紛瞄準心臟
一隻烏鴉，自心跳最微弱，驚
飛————————成
一
排
一
排
一
排
凌
亂
驚歎號，在紅塵煙硝裏，瘖啞
風嘶吼，撕裂肅穆而澀苦天空
歷史瞳孔冷冷逼視，時間岩壁
回響，你喪亂地愴惶汨羅江邊

彳亍躑躅，心悸著昨日的凶險
憤懣的離騷——未能交代的遺言
肆染墨色，雨勢滂沱不已……
……………
……………

行走汨羅，滿滿一江淚滴呵
《離騷》韻腳折斷處，隱隱作痛
千年不癒的傷勢，淌流著血水
衰老的青春軀體，倒在歲月裏
吟唱；險途中仍藏有陰謀
背叛，以及不可探知的秘密

我在時間碑文碎片中拼湊
你投江前的猶疑，如何跳
躍——————成
一
排

一
　排
　　一
　　　排
　　　　完
　　　　　美
　　　　　　句號，墜入汙濁的歷史濤聲中

四月，分別到北京首都師範大學、澳洲巴拉特大學企管碩士班授課，主講「營銷策略與組合管理」。

五月，開始應聘行政院人力發展中心課程講座，對各級主管講授「標竿學習」、「團隊建立與夥伴關係」。

類似這樣的講座，愈來愈多，除國內、大陸各省、香港，遠至各國，揚松到處講學，所以他也寫了很多「講學詩」，這是另一種浪漫主義吧。

其中有（自季節中•穿越——記春末佛山講學初旅），揚松經常以此詩朗誦，想必中間必有很浪漫情愫，藉摘此詩爲証：

自季節中・穿越——記春末佛山講學初旅

五月驟雨撲襲，草木用墨綠渲染南方
季節的容顏，妝扮斑爛花色——蕩漾——
你隱身於後，飛揚髮茨舒捲如山勢
山勢起伏是你的喘息，躁鬱中遇見
自己，在距離之外探測陌生的寬度
距離在心理壓縮得好近，卻在交錯中
遙遠如晦澀的語言，不斷地揣摩、猜想
季節的脣語欲開又闔，聽不見花開聲音
軟軟腔調，感染著暮春的遲疑與矜持
只能一口口啜飲紅葡萄，等待醱酵

六月初夏，在歲月蛇腰邊寂寞徘徊
側身眺望，蜿蜒的海岸線拉遠所有視線
曲線迷惑滿天星子墜落，啊跨出季節
想像的冒險，碰撞出無數火光與驚呼
濃稠的蟲鳴潑來，我們正疾疾穿越陌生的疆界

附註：近三年揚松應寫數十首講學詩，值得詩評家的注意！

註　釋：

註　一：楊宗翰，「新竹現代詩人群像」專輯弁言，《竹塹文獻雜誌》（The Hsin-chu Journal of History），第二十二期（二〇〇二年元月）。新竹市政府發行。各學者、專家、詩人基本資料，詳見該期雜誌，本文不重述。

註　二：李豐楙，筆名：李弦。一九四七年生，政大中文所文學博士，曾任教現代詩、現代小說，中央研究院中國文哲所研究員。著有詩集《下午、寂寞的空廊》、《大地之歌》、評論《李弦現代詩評論集》等。李豐楙所提論文「嚴謹與浪漫：范揚松詩兩種面向的合一」，見註一，頁七七—八七。

註　三：同註一，頁八〇。

註　四：范揚松，《俠的身世》（臺北：采風出版社，民國六十九年五月四日），頁一一九—一二〇。

註　五：范揚松，《木偶劇團》（臺北：龍門文化事業，民國七十九年三月），頁六一—六三。

註 六：范揚松，《尋找青春拼圖》（臺北：聯合百科電子出版有限公司，二〇〇七年十二月一日），頁六二－六四。

註 七：同註一，頁八三－八四。

註 八：范揚松，《尋找青春拼圖》，頁七二－七三。

註 九：同註一，頁八八－一〇四。

註一〇：范揚松，《尋找青春拼圖：一個生涯學徒的內心戲與表演》（臺北：聯合百科電子出版有限公司，二〇〇七年十二月一日），頁一〇四－一〇七。

註一一：陳福成，《第四波戰爭開山鼻祖賓拉登》（臺北：文史哲出版社，二〇一一年七月）。

第十章　范詩新舞臺：反貪倒扁、紅衫軍詩

春光乍現——記二〇〇一蛇年之出

驚呼聲中，跨年煙火誓言燒盡寒冬
春光乍現時掩飾不可言說的秘密
煙花爆竹，華麗而虛偽的慶賀
在淡水河在總統府上空慷慨陳辭
我在口沫橫飛中關閉繽紛螢幕
頹廢地掩蓋耳膜，放棄所有
抵抗；一些不義與恐懼，瞬間
佔據我的軀體、血脈以及呼吸
…………………………
…………………………

等待，是漫漫長夜的私生子
歌舞熱鬧景象，漸次繁華落盡
閃爍牌樓與塑膠花瓣相互嘲諷
政客已累，等待卸下面具回家睡覺
串場歌手，等待乞領微薄酬勞
狂歡男女，等待另回合熱吻交媾

爲什麼要把范揚松這首詩放在章頭？好像當一個啓幕。有兩個原因，一者自西元二千年台灣地區出現了「台獨僞政權」，把台灣帶向八年的「黑暗時代」；再者有春秋氣節的知識份子、文人等，怎能容忍？紛紛提筆批判這種「不法政權」，揚松是詩人社群中的代表典型，這八年間揚松寫了很多批判性很強的「反貪倒扁詩」。在揚松從青年時代以來的詩創作中，這時開啓了新風格，新浪漫主義，本章主要簡介這方面揚松的一些代表作。

但若追本溯源，老范爲何寫了這麼多「反貪倒扁詩」？也並不意外。在中國常民社會中，「俠」的使命（也是天命），就是維護武林公平正義，如今江湖上出現「大壞蛋」台獨、貪污」，詩俠老范能袖手旁觀乎？能不出手？

爲何把台獨思維的政權稱「不法政權」？亦略說之。一者根本上違反現行憲法，此無可質疑；二者違反中國數千年來的歷史、文化、氣節及春秋大義思維，台獨是一種地方割據思想，中國歷史上的地方割據、分裂，都是短暫的，不久又歸統一；三者台獨思想背叛列祖列宗，百代千代祖宗亦不能容忍。是故，台獨思想和行爲，如同揚松詩中「雙頭蛇、瘟疫、蛇蠍」之意象，必須批判打擊，以彰顯正義。

千禧年開始的范揚松，其詩作風格及其人生理想，已然有明顯的轉變。追求的已不止於個人的浪漫，而上昇到國家民族的浪漫，中華民族的浪漫，更實在的彰顯范士會──范仲淹──范昌睦到揚松本人，整個范氏家族千秋萬載的浪漫。

千禧年以降這八年，揚松的事業也在成長壯大，他還是像一個「空中飛人」。深圳大學、華南師範大學、澳洲南昆士蘭大學等聘書一張張飛來，高薪禮請范教授去講學，中國之興起，揚松與有功焉。

在他的公司（大人物知識管理集團）方面，投資的大型資料庫，「古今圖書集成」、「鵝湖月刊」、「台灣文獻」、「思與言雜誌」，早已成功完成，行銷到國內外各大圖書館。其中「台灣文獻」獲二〇〇七年行政院新聞局「數位成果金鼎獎」，隔年「思與言雜誌」又獲金鼎獎。二〇〇七年初揚松在事業上有新嘗試，代理澳洲南昆士蘭大學企管碩士部份學程，開啓大人物公司轉型爲學位教育。

更值一提的二〇〇七年末開始，揚松開拓了事業新版圖。基於瑞士歐洲大學（European University）授權，開辦企管碩士（MBA）、博士（DBA），共同開拓華文市場，提供優質教學服務。大人物集團與新加坡賽思管理學院（Shined College），共同籌設「中歐領袖標竿學院」（總部設臺北、即范揚松公司），揚松亦擔任院長兼執行長，雙方簽訂合作備忘錄。到二〇一二年底，本書付梓前，該學院已有不少碩博士畢業，且版圖向大陸擴張，廣東、福建的碩博士班已經開辦。合作學校自深圳大學、北京大學、上海交大……

個人事業大展鴻圖，更在神州大地開花結果。但台灣政局卻分裂主義盛行，統獨對峙中沉淪、內耗，完全類似三百多年前鄭成功兩腿一蹬走了，其子孫便分裂成統獨兩派對決，直到中國再統一（康熙二十二年收回台灣），廿一世紀再輪迴複製一遍。台灣沉淪到這種局面，身爲創作「永遠的旗幟」長詩創作者。（註一）身爲范仲淹的第三十一世孫，那句刻骨的銘言「先天下之憂而憂，後天下之樂而樂」，在揚松的血液裡吶喊。眼前那不法政權，竟也在取得政權後，大張旗鼓在搞所謂的「就職大典」，而周圍卻有無數抗議的人民。揚松提其春秋之筆記下之一幕，詩曰：

聽見，夏天在唱歌——五二〇變奏曲

瓦釜雷鳴，藍天在密閉高壓中
爆裂為猙獰的火山，刀劍閃閃

嘿嘿——嘿咻——狂亂的夏夜，搖晃
不安的盆地，誰聽見美麗在唱歌
歌在愴慌愴慌鑼鼓聲中已然瘖啞
聲嘶力竭的戲碼，懸掛「羅生門」
招牌，卻在慾望洶湧中搖搖欲墜
臣服與背叛的劇本，依然脫線演出
潘朵拉寶盒裏，個個展現妖魔身段
上空秀、露臀裝、亢奮的搖頭丸
把金光的鋼管圍住，猛烈的猥褻
據悉：在凱達格蘭大道將達高潮

雨勢——滂沱，澆不息含憤火苗竄燒
燒向緊閉帷幕；窒息的愛，祕密
策劃下回的對抗，僵持卻挑逗著

寫於東科大火之後、五二〇之前

相信至今記憶深刻，阿扁政府搞起了所謂「五二〇就職大典」，竟也揮舞著中華民國國旗。如那明朝宦官集團野心「取明祚而代之」，所用的三十六計第二十九計「樹上開花」，被陳水扁等台獨集團揮灑的算頂漂亮的，「刀鋒邊緣，魍魎身影自鋼上……潘朵拉寶盒裡，個個展現妖魔身段／上空秀、露臀裝、亢奮的搖頭丸」。

一小撮魑魅魍魎，施展鬼蜮伎倆，竟也號召那些天天被洗腦的盲從者，「高舉」中華民國國旗，但隨即「用完就丟」，國旗被丟滿地……。

梵谷給我一隻耳朵

政客橫行，互吐唾沫的叢林殿堂
議事規則變形為利刃，恣意綁架
姦汙螢光的眼睛與貞操，且
將官員狠狠踩——扁在腳下，然後
淋灑雞血，宣稱一切奉人民之名……

秩序回不到扭曲的圖形線條裏
狂辭巧辯，叫囂的色彩似梵谷
一如醉酒後抑制不了意淫而拼命
射精，噴灑天空為超現實魔幻畫布

把自己妝成妖冶的向日葵，掙扎
向空瓶子哭喊——自己的存在

酒精濃度，溺斃成群結隊的蟑螂
測不出潛藏的週而復始的瘋癲
索性用刀鋒割下生殖器官，典當
換取吃驚眼光證明——他的清醒
貧窮與匱乏，在深厚猛然譏笑

二〇〇二、五、一

我能想像鄭成功走後，他的兒孫分裂成統獨兩派，進行不可思議的鬪爭，鄭成功的元配董夫人說出重話：「有敢另立乾坤，殺無赦。」，「東寧王國」還是出現了。那局面現在又上演，台獨份子欲以「樹上開花」之計，「強奸」中華民國，而那些無恥的政客，則強奸台灣人民，有幾個台灣人民有自覺性？有幾個台灣人民眼睛是亮的？

詩人是最具真性情，悟性最高的人種，包含筆者和揚松，及經常聚會的吳明興、方飛白、胡其德等多位詩人，我們眼睛是雪亮的。「政客橫行，互吐唾沫的叢林殿堂／議事規則變形為利刃，恣意綁架／姦汙螢光幕的眼睛與貞操，且……射精，噴灑天空……」

台獨份子不敢、亦無能、無力公然宣佈台獨，他們只好利用中華民國這巨木，試圖「樹上開花」，但這思想必然如那些宦官、太監，得了精神分裂症。於是，如同梵谷割下自己的一隻耳朵，那些獨（毒）蟲和貪腐政客，「索性用刀鋒割下生殖器官，典當／換取吃驚眼光證明——它的清醒」。揚松這詩寫得，神啊！

人心隔肚皮

——寫三一九槍擊案眞相未明之前

肚皮以外，腥羶標題濺灑街頭
每雙眼珠在煙硝爆竹中，窺探
天外何處飛來神秘子彈，會轉彎
所有耳膜在竊聽、揣測可能爆裂
音響，然而洶洶議論掩飾了槍聲
從此以肚皮為中心，劃分楚河漢界
將士象、車馬砲，鑼鼓紛然對峙
在凱達格蘭大道，在街頭巷尾

…………………………

肚皮以內，仔細算計五臟六腑
彼此的位置，你推我擠快快逃亡
鎗火的兇險與詭譎！誰敢承受
極速重擊？流言狂飆如碎彈
盲目擊向鮮紅血脈，毋需膛線
測不準肚皮與心臟距離；算不盡
謠傳流竄的國度，傷亡多慘烈——
一顆顆創傷的心，在猜疑中撕裂……

…………………………

「三一九槍擊弊案」也真「永垂不朽」了，千百代後的人都念念不忘。而那三位「三一九」的製造者，陳水扁、邱義仁、馬永成，也必然如「汪奸精衛」一樣，供後人當教材用。詩人寫著「肚皮之間，燒製的彈道仍在呼嘯／血的熱度，在驚駭中反覆被測量／傷口始終無法癒合，牽牽扯扯」，為何傷口始終無法癒合？？？因為永遠破不了案，永遠成為台灣人民的痛，而台獨份子不會承認自己作弊，如同小偷不會承認自己是小偷。找福爾摩斯，也是無能為力。

也確實，藍營人馬無論如何都破不了案，這種案是破不了的，因爲這一計用的是三十六計之首「瞞天過海」，「天」都瞞住了，人能奈何？但也未必「永遠」破不了案，依「因果律」輪迴，作此弊案者遲早要面對真相。我曾寫過一部小說《迷情、奇謀、輪迴》（註二），以「三一九案」爲背景，最後在無間地獄全都破案了，罪人受到應有的懲罰。

「三一九」導至台灣「內亂」，國親藍營也亂了陣腳，找那所謂神探子李昌鈺，其實他不過來做一筆生意。國親也像「狗急跳牆」，到美國去告洋狀，這是社會的現實寫真。但詩人用了另一種語言，詮釋也記錄這事件。

在狂勝與慘敗之間

——有感三合一選後政局變化

……………………………

（TVBS 拔高聲調，指天劃地，揭穿腥羶醜聞

性、謊言、錄影帶紛紛淫穢激烈搖擺）

……………………………

民氣如虹？璀璨如花開成媚惑的雲

進出高樓，陽光灑金加持後更虛嬌
黨同伐異廝殺聲，穿過雲穿越耳膜
慘不忍睹啊戰場自大漢溪濁水溪潰堤
敗相已露，酸腐的膿腥中，我在那裏？
（大話新聞強力辯駁你我他的流言緋聞
真真假假，臺灣心聲，一隻鳥仔哮啾啾）

二〇〇五、十二、十二

記憶如新，二〇〇五年十二月那場「三合一」，獨派慘敗。爲何？人民真的是醒了，一部分是對「三一九作弊」的反感，一部分是台獨政權的貪腐，給了藍營大勝的機會。但詩人的筆下道出另一個更深沉的問題，「人已不成人，慌亂中誰引領走出沼澤／民意如洪流，嘩嘩侵蝕軟滑的地層／黑夜將盡，黎明卻睜不開雙眼時／那條道途有斷崖？何處有蛇蠍出沒／裏裏外外可以帶路的人，他又在那裏？」

在台灣，不論藍綠、民意，都迷失了方向，找不到路，不光是無人引路，而是大家一起迷路。藍營卡在「要怎樣統一」，不敢想，於是在親中親美之間漂浮；綠營的台獨路又不敢玩真的，只能假戲真做，利用權力搞錢、搞女人，撈飽了走人；

而一般人民，前途茫茫，不知道方向何在！於是有詩人受不了，要起來革命。

隔空對話

——聲援詩友杜十三因案被捕

日日夜夜，用酒精嗆辣濃度鑿開自己的喉嚨
成為很深很黯很空洞很飢渴，卻找不著盡頭
一————口————井————

…………………………

…………………………

紅色日頭張狂，在繁複的矛盾恫嚇者
橙橘，乾枯地懸掛樹枝，採擷青澀的夢
黃菊花圍坐墓地旁，與野犬叫開一朵雲
綠草喪亂的吆喝根鬚，吮盡地層的水分
藍天傾斜，向星夜滑去，遠方燈火升起
靛青衣衫美少年可已成為蒼邁的鑿井人
紫色的雲，竟如五臟六腑受重擊而塌陷

…………………………

……………………
歲歲年年，在時間斥堠逼迫變調自己的聲音
成為最抑鬱最悲愴最沉默，卻震耳欲聾的
吶————喊————聲————

詩友杜十三因不滿政局紛擾而恐嚇要殺害閣揆全家，遭受逮捕，全國輿論譁然，咸認爲官逼民反。媒體採訪揚松，因同情他的處境並聲援其對國家前途的憂心；選後綠敗藍勝，可見一斑。

杜十三是勇者，有烈士的精神，有革命情操，可惜他身處「亂邦」，身爲一個愛鄉土愛台灣，更熱愛中華文化的詩人，他能奈何！他做了很多人不敢做的「抗議」，要把貪腐政權、不法的僞政權殺光光。終於，他被捕了，身爲朋友、詩友的揚松，以一首詩聲援他。

當世界走向盡頭

——詩援百萬人民倒扁運動

七月雪，在暴風雨中傾瀉狂飆

蒼穹傾斜，陽光向陰黯深淵滑落
冷如利刃，刺殺般般眼神、呼吸
絕望的零度，澆息曾經熱騰騰的
手足。黑夜漫——漫——是否到了盡頭

沒頭沒腦，剩一隻危顫的腳柱在盡頭
暴力主義的拒馬，將自己逼向盡頭

……………………

……………………

九月秋決，刺刀嚇的憤懣如熔岩
等待號角，等待爆發，等待迸濺
焚向凱達格蘭，焚毀藍天綠地
出草呀出草；將魍魎殘破的頭顱
擊向當權派，因為世界不甘走到盡頭

作於二〇〇六年八月二十日。揚松自電視臺及晚報知悉軍警將以六千具刺刀拒馬對付百萬倒扁示威靜坐群眾，心中頓然義憤填膺，奮筆而寫之，希盼爲貪腐與霸權留下歷史紀錄。

我聽到有一種聲音，陳水扁會落到今天的下場，他那無限貪婪的老婆吳淑珍要負責。我不以爲然，到底誰在當家？陳水扁不點頭、縱容，吳淑珍有多大本事壓迫國安系統配合她搞錢。我有同學在朝（今已退伍），曾說升少將的要給吳淑珍兩百五十萬，中將是伍百萬，天啊！這種人怎還活在世上？馬英九上臺了，周美菁爲何不搞錢？所以陳水扁應該關一輩子，關到死爲止。扁家不論誰犯法都要辦，王子犯法與民同罪。現在竟有人以人權之名要把陳水扁弄出來，真的因果顛倒，台灣社會就被「人權」搞亂的。不知那些人心中尚有「恥」字乎？

二〇〇六年的百萬人民倒扁運動，就爲一個「恥」字，扁家的無恥，獨派領導階層的無恥，連藝文界這些書生都看不下去，連署倒扁。

犀牛皮的厚度

——記參與連署藝文界倒扁行動

景福門以東以西以南以北，鑼鼓掀天
擂醒遍地烽煙，引爆貪腐金光秀
崩落的城牆，土石流般撞擊怒火熊熊
憤怒交織著百年圖騰——阿斯卡軸線

已然成形，一把圓規刺向厚厚犀牛皮
……………………
……………………
鬱鬱蒼天，百萬隻手翻轉成利劍
霍霍出鞘，震懾住驚慌踉蹌的腳跟
刀鋒正呼嘯，對準珠寶切割線飛擲
擊碎寒森森的華麗，前仆後繼啊
各個禮義廉恥，都戳破了犀牛皮厚度

揚松此詩寫於二〇〇六年九月七日，陳水扁搭空軍一號回臺北，也是九月九秋決前七十二小時。此次參與簽署之藝文界倒扁宣言，係由小說家司馬中原擬稿，再由中國文藝協會召開記者會，連署國內著名藝文工作者共五百餘人。

藝文界由中國文藝協會領銜，數百人連署倒扁宣言。我還清楚記得，文壇上的作家、詩人，司馬中原、鍾鼎文、范揚松、林靜助、向明、涂靜怡、綠蒂……我當然也參與連署。揚松以詩誌之「一妻二祕三師，暗暗矇蔽你我眼睛……各個禮義廉恥，都戳破了犀牛皮厚度」

以圍城之名

——記參與天下圍攻

以圍城之名，悲愴的仁愛路在歌唱
紅花與傾瀉凱達格蘭，頑強的音符
騰飛景福門上空，化為星星化作月
俯瞰聲勢如山，群山在搖撼在呼應
每個節拍都有你，忘情傳唱紅花雨

……………………

以圍城之名，愛的和平西路大步走
鵝鑾鼻到臺北城，熊熊紅火燎原
燒盡秋寒冷漠，銷毀貪瀆的臉孔
燒出蛇蠍魍魎——千年修練的原形
啊——請踏出一步，疾疾上火線圍攻

此詩寫於二〇〇六年十月四日。百萬倒扁活動全國開紅花即將結束返回臺北，準備展開雙十國慶兩百萬人「天下圍攻」大示威活動，此舉將擊響台獨不法政權之喪鐘，意義深遠，攜家人一起參與圍攻，揚松特以詩誌之。

由施明德發起的紅衫軍「反貪倒扁」運動，其核心價值何在？應該就在當時群眾高舉的「禮義廉恥」四字，我國春秋時代大政治家管仲早已說了「禮義廉恥，國之四維，四維不張，國乃滅亡。」極簡單的十六個字，是治國之大本。而當時的台獨「僞政權」已是不法、不義、失廉、無恥政客之歡樂國，他們歡樂，因爲可以騎在人民頭上取樂、撈錢。「有人盤據貪腐王國，恣意掠奪財寶／有人在利誘下踩爛貞操，叫賣靈肉……燒出蛇蠍魍魎——千年修練的原形／啊——請踏出一步，疾疾上火線圍攻」。於是，葡萄園詩社的詩人們提筆上陣。

紅花祭

——記葡社詩友登臺朗誦

（紅花開紅的心紅得好美麗
為了你等下去我還在這裏……）
……………
……………
等待——拉滿一張弦，喉音迸裂
頓挫——激亢的腔調，每到轉折

總是瘖啞，鑼鼓鏗鏗——鏘——鏘——
虛掩著秘密部隊，潛入肺腑
鼓動怒火，搖旗的手從不停歇
反轉手勢如刀，收割每個韻腳
蟄伏的意象又從灰燼中燃起
平平仄仄，跌宕激盪如海潮
躍過山巔越過邊界染紅黑水溝
………………
………………
（你的臉你身影笑容隨你去
在一起流眼淚一起看星星……）

二〇〇六．十二．三十一　深圳

我記得，時間就在「天下圍攻」的前一日，十月九日晚上在火車站前廣場倒扁總部高臺上，大影幕高掛，人山人海。我們幾位葡萄園詩社好友，范揚松、我，主編台客，記得共有五人，在至少五層樓高的高架臺上，朗誦自己創作的反貪倒扁詩，我藉機高聲喊話，鼓動全民、軍隊起來革命，推翻台獨不法政權。事後主持人說「他個人意見，不代表本台立場。」我很清楚，台灣社會已無革命環境，軍隊像公務員，吃飯納薪，保住飯碗最重要，我不過喊得爽而已。

春天是一堆雪

——送立委邱毅因三一九案入獄

種籽，深覆再霜雪的零度裏死去
死去般，一絲氣息抵抗著重重岩層
纔知道嚴冬為遠離，春天墜入黑牢裏
歲月掩面而泣，在轉彎暗處消失——
一個太陽魅影，被風刮得愈來愈稀薄
朋友，遠行前飲盡這碗已涼的烈酒

……………………

（此去將是人跡罕見的歧路或繁華盛世？）
（空氣中交織著冰與火，我們拒絕窒息）
踐踏在泥地裏的種籽，不死呀

緊咬一方泥土，便屹屹地抽長
掙開黑黝黝的岩層，呼喊自己
鏗然的名字，你將身體敲打成鑼鼓
敲開片片肅殺寒意，對酒應高歌
朋友，臨行前何妨痛飲三百杯——

此詩寫於二〇〇七年四月二十五日，揚松老友邱毅立委入獄前夕。邱毅因抗議總統大選三一九槍擊案，涉嫌違反《集會遊行法》衝撞地檢署服刑一年餘。邱毅爲其舊識，在 TVBS 中以揭弊英雄而名噪一時，揚松個人敬佩其正義感與勇氣十足，特寫詩以慰之。

別以爲現在廿一世紀了，沒有人被政治迫害而死，也別以爲現代社會沒有「外戚宦官之禍」。總結獨派政權那八年，「外戚宦官」之禍勝過吾國明代而更烈。

談到扁妻吳淑珍，其專橫無恥與不知人民疾苦，跋扈和斂財的本事，更可名列世界腐敗史中之第一名。與古今中外腐敗的「第一夫人」級女人比，吳淑珍超過法國大革命被推翻的路易十六皇后瑪莉安托尼內特，她是誰？

這位瑪莉名字特長，Maria Antonia Josefa Johanna Von Habsburg-Lothringen, 1755-1793。當人民失業窮困，沒有麵包吃時，瑪莉淫亂奢華生活照過，變本加厲集聚民財（手段類同吳淑珍）。有人向瑪莉說：「現在人民連麵包都沒得吃了！」她竟說，「沒有麵包吃，爲何不吃牛排？」終於被人民推翻，吳淑珍和法國瑪莉中外齊名！

一樣的話吳淑貞也說過，她大肆聚財，凡要升官、做生意的人都要送錢給她，難免有心不甘願著。她說：「錢不送來，我叫推土機壓下去！」天啊！何謂「推土機？」正是她掌控的情治或國安系統。

本章在內容安排上，並非在剖析，研究范揚松的詩，而在展示他在這段特殊的歷史時空，不同於以往另一種風格的詩作，他如何反貪倒扁！如何參與紅衫軍批判貪腐！我只是做一些旁白，引領讀者重回現場，配合當時的歷史事實欣賞揚松的詩。

八年已成歷史，就像中國每一個要結束的朝代末年，如漢末、隋末或晚唐、宋元明清之晚葉，永遠成爲一頁歷史課本上的教材，以警後人。在《隋書》上有幾段話，述說大業末年之昏亂。（註三）

> 政行弛紊，賄貨公行……茫茫九土，並為麋鹿之場，惵惵黔黎，俱充蛇豕之餌……土崩魚爛，貫盈惡稔……終燃不悟。

歷史不會盡成灰，詩人的詩筆正是一枝巨大的春秋筆，當未來的人們讀那八年

「社會史」，也必然會讀到那時有一個詩人叫范揚松，他是范仲淹的第三十一代、范士會的第五十七代、帝堯的一一九代裔孫，他的詩寫著：

九月秋決，刺刀嚇的憤懣如溶岩
等待號角，等待爆發，等待迸濺
焚向凱達格蘭，焚向藍天綠地
出草呀出草，將魍魎殘破的頭顱
擊向當權派，因為世界不甘走到盡頭

引〈當世界走到盡頭〉末段

註　釋：

註一：「永遠的旗幟」長詩，是范揚松寫鄭成功的故事。詳見《帶你走過大地》詩集，曉雅出版社，民國七十二年元月，第五輯。

註二：陳福成，《迷情．奇謀．輪迴》（臺北：文史哲出版社，一百年元月修訂合訂本，本書以「古晟」筆名出版。

註三：轉引，陳福成，《我所知道的孫大公：黃埔二十八期孫大公研究》（臺北：文史哲出版社，二〇一一年四月），頁一七〇。

第十一章　《尋找青春拼圖》及系統詩觀

自從范揚松在民國七十九年三月，出版第三本詩集《木偶劇團》後，到九十六年二月出版第四本詩集《尋找青春拼圖》，中間隔了十七年多，對一個詩創作者言，有些隔的太久。但其實這段時間揚松依然創作頗豐，每年都有詩作或文史社會科學作品發表。

本章除概述揚松的第四本詩集，主要也以到民國九十九年爲階段，詩集出版之後仍維持每年十五首創作量。

《尋找青春拼圖》詩集

《尋找青春拼圖》（臺北：聯合百科電子出版，二〇〇七年十二月依日出版，以下簡稱《尋》詩。）收錄了以往十餘年間所發表的詩作，有五位好友提五篇長序，分別是：（註一）

陳福成，「從春秋的高度提筆——賞析范揚松教授詩集《尋找青春拼圖》」。
方飛白，「現代抒情俠客與詩」。
吳明興，「真實生命的開顯——讀范揚松第四冊詩稿憶往」。
柳之升，「遨翔在事業與詩文的天空——范揚松教授其人其事其詩」。
呂佩橙，「內心戲與自我演出——試探詩集中『光與火』的意象」。（註二）

序輯含揚松的自序詩「屈原，投江前的猶疑」外，詩集分七輯：
輯一：春天的種植。
輯二：嚴謹與浪漫之間。
輯三：不僅僅是幻覺。
輯四：詩沒有盡頭。
輯五：旋轉的年輪。
輯六：天空，叫不回一隻鳥。
輯七：卻道書生空議論。
以上各輯作品，都盡可能在本書各章節提出介說、賞析，以理解揚松的成長、轉變及他的世界。

我想先說這本詩集和前三本有何不同？不同人生階段當然有不同的體驗，我指的是最深層的「人觀、世觀、詩觀」的「異化」，這得好好讀他的四本詩集，才能捕捉到核心思維，一言蔽之，曰：

《俠的身世》，純粹的浪漫主義。
《帶你走過大地》，理想的浪漫主義。
《木偶劇團》，嚴謹的浪漫主義。
《尋找青春拼圖》，務實的浪漫主義。

《俠》集在一個小小世界裡浪漫，從一朵花看天堂，從一粒沙看世界。之後，逐漸擴張，從一座花園看天堂，從一座沙灘看世界；再往後，《木》集，尤其《尋》集，已走出花園，走過無數沙灘，看到這個世界，一半黑暗一半光明，一半醜惡一半美善。而不論美善醜惡黑暗光明，都在揚松的詩筆現形，以其真性直指「實相」。但從《俠》到《尋》四本詩集，亦有恆不變之處。即他的真性情、春秋高度及董狐筆的情操特質，不論美醜黑白，都本浪漫情懷「觀世」，這是詩人的浪漫。佛法常說，心中有佛，看這世界到處是佛；心中無佛，就只見這世間全是醜惡黑暗，如此地球上無一是人。

確實，佛以佛眼佛心觀世，發現有「壞蛋」，不會坐視不管，孫悟空被他關了五百年，刑期也太久了，但佛對這世界絕不灰心，心中亦無恨，佛陀也很浪漫。讀詩便是讀心，解讀一個人的內心世界，中年的揚松，依然以浪漫美善的佛心看這個世界。他心中始終有一盞燈，用詩想照亮週邊他所碰到的每個人，丘美珍、張夢雨、張霞、徐夢嘉、吳明興、方飛白、周喬安、曾詩文、呂佩橙……以及一些不認識的，伊朗連體女子、金門王、韋蓮司、方淑娟、杜拉克……以及師生、親族、家人等，都在他們心中點起一盞燈。（均見《尋》詩集）

各家對《尋找青春拼圖》評論與賞讀

《尋》集出版後，引起頗多共鳴（正式文字表述、非正式的朋友聚會座談）。正式論述有吳明興、劉焦智、胡爾泰、陳福成、田惠剛、黃光曙、泰嶽、王笑園、王牌、陳在和、林日、黃子堯、鄭淑華，及復興電台記者鐘寧小姐連續四星期訪談，其訪談錄音經文字化後約四萬餘字，另有部分尚未發表作品，總共接近二十五萬字，真是漪哉盛歟！本書僅能「抽樣」，以《葡萄園詩刊》第一七八期評賞詩文節要略述。

吳明興，「開顯真實生命的內心戲：當代詩人范揚松論」（註三）

就友情而論，他書寫摯友丘美珍的不幸人生，而砥礪以（焚燒的旅程），讓他從備嘗艱辛的生活困境中，以專業畫家的美麗身影，從充滿著冷漠氛圍的後工業社會中，以美的畫幅，卓然迎對已近在眼前的彩虹；書寫自己在中國大陸開創知識庫與四處講學期間，以管理顧問的身分，爲調處臺商與大陸人民之間的諸種矛盾問題，而遭黑道圍事挾持之後，由一開始對參予談判的引介人，也是詩人最信任靠得住的內地好友韋子開先生，沒有把場面有效控管在合理的範圍之內，致遭生命危險的不諒解，而爲之賦成〈酒壯我行色——贈韋子開並賀其酒館開業〉，要非真的好漢怎會有真英雄，要沒有值得惺惺相惜的英雄，又怎會激揚出詩人觥籌交錯的意氣與豪情，而這情正是詩俠的劍鋒上，所不斷璨發出來的耀眼光芒。

那熠熠的光芒，當與他知交幾近三十年老朋友，在生命轉彎的路上跌了一跤，在面臨前途未卜的窘境中，他毅然爲之賦詩〈磨劍……〉一首……

這是一柄鐫刻著經文的劍，唯其以煉劍者的心血去投爐、去進行最徹底、最專注的焠鍊，纔能倚天有待。就鄉情而論，他以〈鄉音——記臺北客屬學者春酒聚會〉等詩，呼喚著故鄉人，表達對鄉土濃烈的感念情懷。

就世情而論，他以無限悲憫的心懷，寫〈已然，崩潰的海岸線〉，爲死於南亞大海嘯的數十萬災民，而向佛陀、耶穌與阿拉默禱，請他們「引領眾生，穿越顫慄的死亡的幽谷」。就國情而論，他寫老戰士遭遇，並對社會揭示「李師科象徵」的勇者本色，在四十七歲時的民國九十三年，爲臺灣民主蒙羞日，毅然寫下「人心隔肚皮——寫三一九槍擊真相未明之前」

翌年，爲詩人杜十三抗議竊國者的貪腐到逮捕，寫下〈隔空對話〉，因爲「詩友杜十三因不滿政局紛擾而恐嚇殺害閣揆全家，遭受逮捕，全國輿論嘩然，咸認爲官逼民反。「媒體採訪我，我同情他的處境並聲援其對臺灣前途之憂心」，然而臺灣的國情，在貪腐政客誤國誤民的操弄之下，不但族群分裂已到了勢同水火的內戰邊緣，每年因經濟失衡致失業而引發的自殺潮正在快速竄升，而人民的忍耐是有限度的，終於在民國九十五年下半年，爆發百萬人民穿著紅衫，以烈火自焚的淒絕意象，走上失去路標的黑暗街頭，發出震撼全世界的怒吼。

在怒吼聲中，范揚松以尖銳的高音，在台灣黑沉沉的暗夜裏，面對著軍警的刀槍、面對著帶刺的拒馬，面對著全世界，以實業家的疑慮，以學者的憂思，以詩人的慷慨，站在歷史狂瀾的前沿，引吭高唱〈當世界走向盡頭〉，高唱攜帶著妻子兒女，全家走上火線，而〈以圍城之名〉，與百萬市民肩並肩，讓脆弱的血肉之軀，在人民的血淚中，融化爲〈天下圍攻〉的狂濤：（註四）

以圍城之名，憤懣忠孝東路咆嘯著
鮮艷艷紅衫，飛舞秋風獵響的旗
響遍心底，狂吼的熔岩蓄勢點燃
已然翻醒的火種，遍地開花成紅海

……………………

胡爾泰，「青春拼圖的背後：管窺揚松的詩心」（註五）

時間是一把刀，把過去的事情、過去的記憶切割成零零碎碎的拼圖，也等於把青春「解構」了。還好，因爲「是拼圖，不是拼盤」，（詩人語）這使得重組成爲可能。詩人「試圖撫癒斷裂經脈，接合重生」，而詩人的愛心正式把這些支離破碎的東西重組起來的黏合劑。經過黏合重組起來的「青春」、「身影」就這樣超越了時空，進入了詩的境界——一種永恆的境界。

記憶的重組，常以「三部曲」（三段式）的方式進行。南宋詩人蔣捷的〈虞美人〉爲個中翹楚之作。蔣捷是這樣唱的：

少年聽雨歌樓上，紅燭昏羅帳；
壯年聽雨客舟上，江開雲低，斷雁叫西風；
而今聽雨僧廬下，鬢已星星也。悲歡離合總無情，一任階前點滴到天明。

蔣氏這首詞，以「聽雨」這個意象聯結了他生命史的三個階段，句句透露出騷人的感傷與無奈。揚松的〈點燈〉一詩，用的正是蔣氏的三段敘述法，但多了希望，少了感傷的口吻：

燈在遠方，盛裝昨夜的霜微／……
燈在你我之間，隔著此時的聲影／……
燈在心田，照著明日的途徑／……

在這裡，詩人把詩分成三節，把時間設定在「昨夜」、「此時」和「明日」，而「燈」把三個時間點連在一起。〈午後有雷陣雨〉一詩則用「陣雨」把三個地點（轉進巷弄、都會叢林中、轉出巷弄）所發生的事情連結在一起。〈讀情，讀你〉一詩，則以「視線之外」、「視線之內」、「視線之外」三個語詞做爲三個詩節的開頭，以詮釋「閱讀」的種種效應。〈酒，壯我行色〉一詩則以三進酒方式來泯恩仇，並論證「詩的豪情」與詩人之能耐——「穿越夢與醒的邊緣」。

詩人的心是開放的、有彈性的，既不拘泥於傳統的三段論法，也不流於濫情式的感傷。在揚松的詩中，我們發現他以「層層積累」（「疊進」）的方式（九、十九、二九、三十九、四十九）來感念慈母之恩（〈身影〉）；以重複「他說」的方式來演說成長和人世的痛楚（〈痛的詮釋〉）；以「迴文」的手法〈七月流火、流火七月〉來追憶戀人絮語（〈七月的祝福〉）；以四次重複「磨劍師父」的話語，來展現諄諄黽勉之一（〈磨劍〉）；以東西南北們的並列方式，來反諷政治的荒謬性。（〈大宅，門都沒〉）在這裡，我們看到了詩人手法之多樣。

不管是三段式或四分法，不管是漸進式、疊進式還是迴文式，詩人用起來都得心應手，毫無斧鑿之痕。在這裡，「形式」與「內容」已合而爲一，沒有孰先孰後的問題了。

陳福成，「桃李春風一杯酒：完形賞評范揚松詩品及《尋找青春拼圖》」

范詩創作的兩個特色：意象和氣勢

王鼎鈞先生談「意象」之於詩，是一種「文字的催眠術」，不能產生意象的作家，猶之不能懷孕的母親。可見意象的「製造」，是詩人「夢工廠」中最重要而能代表詩藝的「產品」。所以早在二〇〇二年我評揚松的第一篇論文「江湖夜雨十年燈」（刊葡萄園一五三期）時，即指出詩人最擅於營造鮮明靈動的意象，且使用最多的意象是燈、光影、碑、山、年輪、酒、鬼和愛等八個。

事隔五年餘，詩人的第四本詩輯「尋找青春拼圖」，又有怎樣的動人意象呢？恰巧在這本詩集的第五篇序，北京師大博士研究生呂佩橙（現任英迪教育集團中國代表），她所撰「內心戲與自我演出：試探詩集中光與火的意象」，通覽整部詩集，歸納萃取反覆捶練出光、燈、火、熱是四個重要意象，藉此顯現詩人生命的光熱智慧和動力，他的世界亦如火紅那般燦爛。筆者統計該書八十二首詩，文內含火、光、燈、熱意象者，竟達七十二首之多。因此，勿須再舉例說明，讀者可詳看該序文或這本詩集，即可證所言不假。

營造鮮明靈動、光彩奪目或震懾撼人的意象，是范揚松創作現代詩的重要特色。揚松詩作的另一個特色是「氣勢磅礴、穿透時空」，和宇宙間沛然莫之能禦之正氣，且一氣呵成。在青春拼圖的八十二首詩中，只有兩首是長詩（夢回童年和天空叫不回一隻鳥），其他都是四十行上下。每一首詩從主題、佈局、段落、用詞到意象營造，展現了「一以貫之」的氣勢，舉例以窺其營造氣勢之手法。

月牙勾破寒夜，一雙眼瞳揪住
華麗的春意，在季節的枝椏間發騷
洞天之外，寂靜的喧囂驚醒一枝筆
庭院深深，熱酒蘸黑洶湧一夜狂放
水波跌宕處，激迸縱浪大化的墨漬滿紙

（讀一夜狂放——記張夢雨贈對聯一幅）

這首詩的氣勢佈局在寂靜之中，在宇宙深處，把一個書法家「心世界」等同了一個宇宙，如同星月大海之運動，真是神啊！另有一位西冷印社書法家徐夢嘉贈墨寶，揚松題詩曰：

飛龍在天，鯤魚想像鵬鳥長飛
逆風遠颺，展翅馱著血紅太陽
鼓動蒼穹，劍般意志越過時空
所有山川河嶽對準角度，靠攏

（劍龍——題書法家徐夢嘉之墨寶）

能營造如此氣勢磅礡之意象，必使意象更佳靈動的助長氣勢，使二者（氣勢、意象）產生了緊密的互動關係，故能使一首詩讀起來一氣呵成。揚松有不少詩作讀起來有文天祥「正氣歌」的味道和氣勢，寒夜讀之，沛然之氣湧上心頭，對黑暗勢力產生自然的抵抗力。此種正氣凜然的意象和氣勢，其實正是詩人之詩品與人品最大特色，是當代文壇的唯一，他人無從學習或拷貝。

田惠剛，「為生命鬥士喝采：《尋找青春拼圖》鳥瞰」（註七）

讀過《尋找青春拼圖》這不下十次後，掩卷之餘，我們除了看到一位集企業家與文學精英於一身的成功者形象之外，更讀到的對於詩行的欽佩與感動。這本詩集思想性與藝術性俱佳，是作者的嘔心瀝血之作；他以其現實主義與浪漫主義交織的魅力征服了包括筆者在內的所有讀者，這是他寫得成功的一個實證。

詩中有許多精妙的構思與佳句，尤以詩集前部諸詩爲甚，俯拾可得。《屈原，投江前的猶疑》是一個標題，既符合人性與人的思維，也極富詩意。「……你遂放逐沼澤刑罰自己／將閹割後的青春，用詩醃漬／等待夏日曝曬，等待一杯雄黃」。這樣的詩句讓人拍案叫絕。

「《離騷》韻腳折斷處，隱隱作痛／千年不愈的傷勢，淌流著血水／衰老的青春軀體，倒在歲月裡／吟唱……」這樣的詩句令人扼腕不已。

「輕聲說：天色已黯爲何不點燈」點燈一句質樸而自然，卻使人怦然心動。

范揚松先生的詩大氣磅礡，極富陽剛之氣，但有時也陰柔有序，不乏兒女情長之聲，難能可貴。「時間的鋸齒，往返於松幹之內／細緻而深刻的切口，一圈圈／一圈圈迴旋攀升的紋路小徑」（《年輪紀事》）是對於「年輪」的直觀描繪，這是一種比喻，也是爲光陰預設的一種意象，讀來既明白無誤，有抽象的概念平易地化爲具體的物象，先入爲主地立於讀者的視野之中。

「風箏極力掙脫地平線的牽扯／舉高整座天空」「唉——掙脫不了，剪不斷的／仍是繫在你心頭是牽牽扯扯的那根線」（《飛向花蓮》）前者是對於「風箏」的自描，「舉高整座天空」一句相當新穎，富於力度。後者則是將「風箏」作爲意象，生動的寫出了……。這兩句詩與陳福成先生的詩句「她還在這裡／她就是在這裡／她能去那裡？」（《我獨立了》）實有異曲同工之妙，都是愛國主義的名句。

「一種金屬的呼聲與色澤，劃過／冬眠的皮膚，堅實而暖和地滑過／摩擦的光與熱，恰恰點燃洶湧的／回憶」（《緣故》）開首幾句即將同學聚會的心情交代得一清二楚，這是詩的語言。

「在黑越越的山頂，誰提一盞燈火／點燃夜色，點燃高懸的星斗」「而地圖，在不成山水的風景裡／衰敗；風景則在分歧詭譎的／想像中，搖——搖——欲——墜」（《地圖》）整首詩描寫地圖，富於動感；前者給人以充分的想像，後者則將全詩的動態表現到了極致，這種手法值得讚賞。

「憑藉劍的意志，將步入時空蠻荒／魍魎（應爲「魍魎」，疑爲印刷錯誤）出沒，霜雪在肝膽間結晶」（《爲自己出征》）全詩已「劍」喻學者之治學與膽氣，頗有文人俠氣之概；這兩句使我不由得想起顧炎武的名句——「天地存肝膽，江山閱鬢華」來。「枝頭的獵鷹，洞悉季節裏不安的欲望」（《等待一個悸動》）這一句不僅與前人寫的鷹和春天的句子不雷同，且靜中寓動，有蓄勢待發之妙，又與題目與主題遙相呼應。

「……夢想起飛，擊向最高點／振翅；或許可撐開天空的寬度／死亡，經常隱身成天使的回音/在神經末梢喧囂；用更深沉的/睡意，抵禦醒時可能的痛楚」（《爭自由，毋寧死》）又是一個意象！以「鴿子」喻掙扎中的垂死的生命何奮力抗爭的希望。

「……一轉身，所有視線被蒼茫/擊傷，我們竟看不到彼此壯闊的風景」（《十二點鐘的位置》）這是對於「十二點鐘的位置」的點睛之筆，也帶有一種「原來如此」的無奈。「隕石如雨崩落，響著億萬光年的回聲/回聲裡，我無法辨讀你晦澀歧義的腹語」（《以G爲中心》）這是作者在飛機上寫的一首詩，浮想聯篇；僅此兩句，便可看出他的想像力相當豐富。

黃光曙，「為愛出征的劍：讀范揚松詩集《尋找青春拼圖》」（註八）

他的詩意境新奇，意象峭拔，總能在教人意料之外的地方，引人垂思。譬如「鐵軌，任由新幹線子彈列車穿梭/拉鍊般，急急縫合又快快撕開/縫合天殘地缺，縫合南來北往/撕開距離即撕開一層層驚聲尖叫」（《搭高鐵南下》）就屬於這一類。這無疑更好地拓展了詩人的隱喻，爲作品的成功奠定了良好的基礎。

除此之外，大量性轉換、句式的語言流、隱喻、象徵及意識流、蒙太奇等現代主義技法的熟稔運用，也使得他的詩作明顯的有別于普通意義上的現實主義。與其說他是一名現實主義詩人，倒不如說他是一名現代抒情現實主義詩人。或許是他本身既兼 MBA、DBA 學程教授、詩人和董事長，又身爲企業管理顧問、管理月刊總編輯及資深數位出版家的多重複雜身分關係，他註定無可避免地擁有複雜的生活體驗和人生感受。這促使他的社會詩之外，在愛情詩之外，還擁有禪宗的影子和哲理詩的影子，執著、思辯，而又超然：

山窮天際，水複無路，苦——苦
思索；一個意象與韻腳如何安置
而蠱，肉身餵養多年後紛紛欲動
……………
滾滾黃沙，撲襲頹廢已矣的城牆
你隱身別有洞天的石窟，鎮定如佛
我面壁十年，孜孜勾勒光影的樣貌
午夜靜寂中，飛天身姿破牆而出

——（詩，沒有盡頭）

至此，詩人青春拼圖的基調原色已經確定，那同時也是他筆下反覆詠嘆的主題：愛的流離，酒的濃烈，摻和著青春期的荷爾蒙，經由謹嚴自律的沉澱，映射了當下浮懸的世態萬象，針貶了社會之惡的種種醜行與不義，重構了尋找意義上的悲歌，恐懼與無奈：「正義與蕭條是歲末年初，相互／糾纏取暖而又相互噬咬的雙頭蛇／潛伏在每個政客虛矯身段裏／瘟疫般，腐蝕著期望的眼神」（〈春光乍現〉）最後以詩篇名作一結論：

在這斑駁陸離的時代，在這物質宰割精神的時代，通過〈秋的邊緣〉），誰在〈嚴謹與浪漫之間〉的〈焚燒的旅程中〉，〈夢回童年〉那〈旋轉的年輪〉？誰佇立於〈燈屋〉位我們奉上〈七月的祝福〉的范揚松，透過他〈浪淘盡〉的廢都看到了什麼？〈當世界走向盡頭〉，在〈已然崩潰的海岸線〉後面，〈天空，叫不回一隻飛鳥〉的悲劇發生之時，誰在〈以不僅僅是幻覺〉的郊野中，成爲了〈拒絕熔化的石頭〉，在〈歲月如碑〉的陣地中突圍？

而〈詩，沒有盡頭〉。他受命於社會的普遍意義和對民族的忠誠沒有盡頭。他尋找青春拼圖的（逆旅〉也沒有盡頭。他不可或缺的民族文化情感緊緊依傍在重大事件的社會活動，使他的詩歌和他的個性具有了本質的存在，因而，當他〈爲自己出征〉爲愛出征後，獨自〈行過曠野〉時，他才不由自主地在詩的張力中自我提升了……

范揚松：系統詩學的研究突破傳統詩論

范揚松在「尋找青春拼圖」的書後封面有一段很重要的宣言值得研究者注意即揚松很明確地提他的詩創作觀及實踐詩觀，倡議如下：

> 創作是生命的延伸、也是不斷與自己、與親朋、與國家社會的對話過程。因此，詩從生命裡孕育、在生活中淬練、在現實裡完成，詩者，興、觀、群、怨也。
>
> 詩要有生命積累的厚度，不可無病呻吟！
>
> 詩要有金門高粱的濃烈，不可淡而無味！
>
> 詩要有自我規律與嚴謹，不可亂無章法！
>
> 詩要形式與內在機理統整，不可技巧浮濫！
>
> 我始終認為詩的本身即是一個具體而微的系統，有其內在運作的規範與準則。好的詩，系統運作順暢，不論作者或欣賞者，都能自圓其說，完整詮釋；不好的詩，則容易系統停滯、晦澀難讀，無法運作且不得其解。因個人工作教學所需，研究系統理論及其應用多年，發現現代詩學理論或創作中，無人鑽研此道，殊為可惜，應有人能對「系統理論觀點下現代詩的創作／詮釋學」，此一課題深入研究，已饗詩壇。

關於以系統理論研究現代詩學，我建議從下述著手：一、系統理論與詩學的類比匯通。二、系統運作列舉與一首詩完成的心智模式。三、現代詩賞析中系統的結構與再創作歷程。四、一首詩的結構與系統動力模式之對比。

爲實踐自己的倡議范揚松自詩集出版即著手提寫「系統特性在現代詩注釋與評論之應用」，寫作動機中表示：

國內現代詩壇充斥著許多詩論、詩評或賞析的文字，有些屬於考證義理、訓詁式的研究，從辭句、段落間爬疏某些訊息加以連綴成文，另有些則將詩中情義輔以段落詩行，作感性的主觀式文章。前者失之武斷、片面，見樹不見林；後者則不求甚解，有膚淺、濫情之嫌，可謂見林不見樹；第三種詩評文章則不堪卒讀，通篇曲意奉承，胡吹亂捧，真不見樹不見林！孟樊曾指出：印象式批評與現象學批評方面如孿生兄弟，各有缺陷。

如何才能見樹又見林，理解詩人掌握詩意呢？不僅可解析文字、詞彙、意象或段落之巧妙創新之學，又可全盤掌握啓承轉合佈局，對作者詩篇中深意與指涉能抽絲剝繭，層次分明地全面詮釋，使讀者能對創作者的用心立意有深刻認識與啓發。

范揚松這篇長達一萬四千字的論文在重慶西南師大國際詩學期刊上發表，引起許多討論，因爲要掌握系統理論與文學評論兩門知識已不容易，揚松因有豐富的創作實踐經驗，故能綱舉目張層次井然，論文分五章節，一、詩創作著的心智如何成為一個系統，二、系統的運作與延伸相關特性描述，三、八大特性與現代詩詮釋與評論，四、八大特性在現代詩詮釋與評論的系統提問，五、系統特性是庖丁解牛的刀。

范揚松根據上述章節的論述，系統八大特性（整體性、目的性、層次性、自組織性、相似性、突變性、穩定性、開放性）是一較為全面的觀點，不論探索創作者心智系統或詩作的內容與詩作形式特質，都有較佳的切入角度。

揚松認為成功的、公正的、熟練的評論者，必須善於提問發問，提問發問必須是詮釋者或評論者的第一步起馬功夫。評論者必須在時空情境中，探索創作著的心智系統中學思歷程、生命經驗、內心衝突、意識形態，辨識詩作的文字語言、意象運用、章法結構、形式設計，在比較、揣摩及印證中持續的發問追究。反之，從作品表現反向挖掘作者心智系統特質亦然，參看下圖。

提問或發問是如此重要，將決定詩的

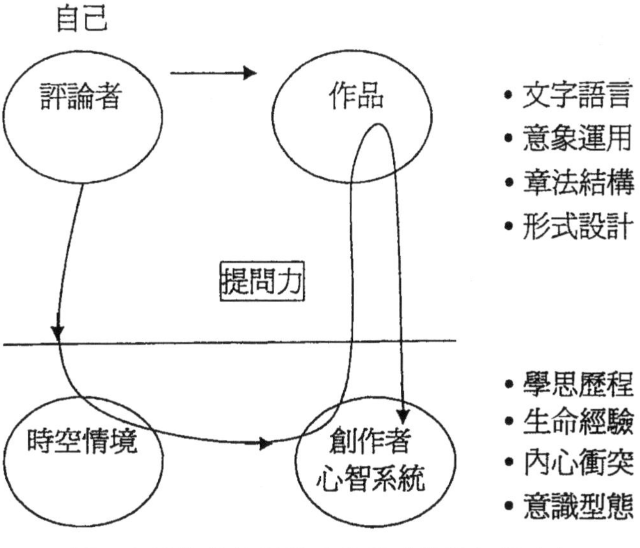

圖四：評論者的提問示意圖（范揚松修改）

詮釋與評論的水準，揚松擬從系統八大特性推論出必須發問的項目，供四海方家做參考：

一、整體性；內容特質「整體意義」，形式特質「有機統合」：

1. 創作者是否心智系統完整運作流暢，內涵優化地具體呈現？
2. 創作著在整合各情思元素，是否取捨得宜具效率與品質？
3. 詩篇佈局中是否特質相契並加以連結，融合一體創出績效？
4. 形式結購到章法與內容情思，是否相互呼應，形成有機體？

二、目的性；內容特質「貫穿滲透」，形式特質為「設計導向」：

5. 創作者能否目的明確地將情思感悟轉化爲詩行、意象或節奏？
6. 能否依內在的規律鋪陳情節，發展最佳起承轉合脈絡？
7. 創作者是否在強烈企圖心下運用熟練詩義，完成原訂規劃？
8. 能否精巧佈局設計，呈現出創作者情思的轉折與心智的演變？

三、層次性；內容特質「井然有序」，形式特質「相生相濟」：

9. 創作者在段落分佈，抽象情思是否層次分明，環環相扣？

10. 不同段落、詩行、意象、或節奏是否各具特色，有序不亂？
11. 是否借助其他藝術、技巧，呈現時空、因果、虛實、映襯效果？
12. 在不同比對效果中，是否各層次各展現功能卻又相互呼應？

四、自組織性；內容特質「自我風格」，形式特質為「多種樣貌」：

13. 創作者選題寫詩，思維邏輯，價值信念是否有自我詮釋的角度？
14. 什麼樣的情境、歷程或事件衝擊中，創作者獨特風格會顯現？
15. 詩作獨特風格表現在文字語言、形式結構上有那些不同樣貌？
16. 不同樣貌是不斷試驗性質，抑或在既定風格中優化演化而生成？

五、相似性；內容特質為「洞察入微」，形式特質為「抽象引申」：

17. 創作者在紛擾繁複的環境中，能否洞察出共通性與事物本質？
18. 混沌不明與多變情境裡，能否深度觸動情感，啓發讀者心智？
19. 創作者除有洞悉本質外，是否預見潛伏的問題與可能變化趨勢？
20. 能否在型式設計、章法結構中舉一反三，異間求同，環環相扣？

六、突變性；內容特質為「創新求變」，形式特質為「自我突破」：

21. 創作者能否依時序，將新生事物（件）納入內容中，充實內涵？
22. 詩的內容、意義、情思能否不斷地調整改變、不重複、不僵化？
23. 在創作的章法結構、意象韻律能否否定舊有，創新求變？
24. 形式中是否勇於與不同藝術元素結合，並表現出創意力？

七、穩定性；內容特質為「自律調適」，形式特質「持續優化」：

25. 詩創作者能否在心智運作或情思表述有發展自我規範能力？
26. 創作過程能否勇於取捨或排除干擾，以維持一定品質水準？
27. 創作者的自覺性能否處處負面影響或賣弄技巧的引誘？
28. 能否反求諸己，自我錘鍊，優化每首詩的內容與形式之美？

八、開放性；內容特質為「多元融合」，形式特質為「變通靈活」：

29. 創作者是否積極參與活動，吸收外部資訊而保持活力、成長？
30. 在創作過程除吸納各種有益情思的事物外，卻不失其穩定性？
31. 藝術形式的衝擊下，是否依題材、事件能因事制宜，多方試驗？
32. 是否穩健吸納新元素，自我調適提升創作的品質水準？

以上即爲創作心智系統八大特性所推論出來提問共三十二項，部份可合併或在細分，或者可針對一首詩進行發問。范揚松深信，有效發問有助於對話、詮釋與評論；這是八個角度全面性的發問。

揚松提出八大角度，三十二個發問突破傳統詩論的論述，尤其系統詩學模式的提出，將在現代詩壇中奠定跨學門研究的基礎，值得後續發展觀察。

註釋：

註一：陳福成、方飛白、吳明興三人簡介，詳見第十四章。柳之升和呂佩橙二家，按范揚松詩及資料略述。

柳之升，文化活動策劃專家，活躍於各大企業和各級政府之間。曾任鳳凰衛視及所屬《鳳凰月刊》，著有《打草飲水》詩集等。

呂佩橙，北京師範大學教育經濟與管理博士研究（二〇〇七），英國諾丁漢大學工商管理與資訊科技雙碩士，現任英迪教育集團中國代表，康橋書院執行董事兼校長。

註二：五家長序詳見，范揚松，《尋找青春拼圖》（臺北：聯合百科電子出版有限公司，二〇〇七年十二月一日），頁一—三三。

註　三：吳明興，「開顯真實生命的內心戲：當代詩人范揚松論」，《葡萄園詩刊》第一七八期（二〇〇八年五月十五日），頁五—十五。該論文原有五萬餘字，葡刊亦節略，本文再小段略引，原文有註均省略。

註　四：同註三，頁一五。

註　五：同註三，頁一六—二四，節錄。

註　六：同註三，頁二五—三四，節錄。

註　七：同註三，頁三五—四九，節錄。

註　八：同註三，頁五〇—五六，節錄。

第十二章　范揚松客家論述與詩創作

假如把范揚松的一天或一年的時間，扣除「家庭時間」以外，他大概可分成四大區塊經營：以自己主持公司所經營的各項事業、文學創作、客家學（產業）研究、人際關係經營。事業當然佔用最多時間，餘三者約略三足鼎立，本書各章節所論大致在這四大區塊進出。

本章以揚松在民國八十二、八十三年間的客家論述，簡介他在「客家族群」的投入。大體上，在此之前，如民國七十七年五月主持「客家風雲雜誌社」座談會，都算是「啓蒙」覺醒期，那時他有些想法，覺醒自己身爲客家子弟的重責大任，對復興客族文化有使命感，但尚未較有系統的論述。

客家文化傳統的反省與出發（註一）

民國八十二年四月，揚松在《客家》第三十五期，發表「客家文化傳統的反省與出發」一文，開宗明義提到當前談客家文化分爲四大類型：客家虛無論者、客家復興論者、接枝合璧論者及辯論創造論者。

以上四者，揚松認爲前兩者不足取，第三論點有偷懶嫌疑，揚松以第四者才是可循的出路。余不疑，揚松這個人的思想、血液、基因、性格，都飽涵「辨證創造」的氣息。該文剖析客家傳統文化，有九點深思與反省。

一、現實入世精神

現實入世，就是積極關心社會現實生活的人生態度。有人稱西方基督文化是「天學」，印度佛教文化是「鬼學」，偏向消極出世的；中國傳統是「人學」文化，屬於積極入世的。客家人崇尚現實生活利益，講究實際，不尚幻想；實事求是，不投機取巧，相對的是封閉傾向，欠缺靈活；理想不高，浪漫不足。

二、家庭倫理觀念

三綱五常，兄友弟恭都是教忠教孝的重要科目。客家地區宗親組織異常嚴密，宗族長輩的意見亟受重視，父母親的權威性仍強烈地影響下一代。家庭是社會穩定、和諧發展的基本單位，不但可凝聚個人群體，亦可聯繫族群、國家，但必須留意可能的副作用上對下的專橫傲慢，下對上的盲目討好、巴結。

三、重義輕利作風

爲所當爲，正其道不謀其利，明其道不計其功，客家族群有義田、義學、義民信仰，都是強調這種見義勇爲的作風；對於物質生活則要克己、寡欲、勤勞、樸素、鄙視嗟來之食，不取不義之財，這是客家人引以爲傲的情操，但仍需注意其消極一面，即重義輕利帶來了「重農抑商」的農民性格，現已邁入工商高度發展階段，商業經營思想與技巧豈可置之不顧。

四、名節面子主義

重名節、好面子是傳統文化的特點之一，既然重義輕利，也就重視精神需要的滿足了！珍惜榮譽，崇尚氣節，講求廉恥，高度自尊這是值得保存的美德；其糟粕則爲愚忠愚孝，把「吃人的禮教」帶到現實中來，此外，死要面子，擺譜端架子，虛榮諂媚，打腫臉充胖子，都是不足取的。

五、勤儉樸素傳統

客家人最大的特點是勤勞節儉，樸實苦幹，這與移民開拓歷史有絕大關聯，由於嚴苛的自然環境與貧瘠的經濟地位，必須靠自己的勤勞和節儉方能爭生存、求發展。現代社會中必須加以保存並發揚，勿忘因「埋頭苦幹，撤職查辦」的盲目勞動，需有前瞻性眼光，策略性手法開找事業，透過預算制度，用所當用，省所該省，不要變成守財奴！理財時代已來臨，應讓金錢發揮最大效益！

六、忠誠正直態度

客家人給人感覺是忠誠度高，說話正直；做事執著，待人熱忱；容忍度高，性格「硬頸」，這些都是很優良的種性，不可輕廢。由於處於劇變的環境，過度的愚忠愚行，直溜溜不知轉彎是會吃大虧的，因此權變觀點，多角度思考便成了重要課題，審時度勢之後，才執著地做下去，方才周延。

七、人際人情取向

人情世故總是父執輩掛在嘴上的一句話！在社會網絡緊密結合的情況下，婚喪喜慶、插秧收割都是你幫我，我幫你的，這也是極佳的美德傳統，在世風澆薄之下，正應加以珍惜。但這往往被誤用搞關係、小圈，大耍特權，用人非賢，則是叫人痛心疾首的。另外，狹窄的人際人情取向亦有害於客家族群的發展，應普遍擴及各族群方是正道。

八、保守中庸性格

族群遷移的歷史經驗形成了潛在的危機感，凡是不敢冒進，主張維持現狀，抗拒變革，鞏固舊制，不事創新，從山歌曲調一成不變即可窺見。中庸表面上是四平八穩，骨子裡卻是妥協，因爲保守，不敢作出掀天揭地的大事業；我們是不是讓族群權益、事業機會因而喪失了呢？值得三思！

九、重功名輕事業

客家人很重視唸書做學問，對子女的教育付出極大心力，無不希望自己的小孩能大學畢業當個教師、公務員或到國營事業上班，這是很正常的心理。對於要去創業經商總是覺得風險很大，加上經營企業之道也非有家傳師承，的確許多人失敗了！但客家企業如資生堂李阿青、西陵電話吳思鍾、萬家香醬油吳文華、賀商電腦吳京逐、達德集團徐進達。

這些現象的觀察，反省與思考，揚松個人認爲客家文化傳統必須從五大方面再出發；及封閉心態要轉向開放與包容；守舊觀念要轉向創新與改革；依賴亦是要轉向自主自決；功名思想要轉向事業競爭；一元模式要轉向多元思考。

透過五大方面的調整，希望新的客家人擁有下列的特質與胸襟；一、「有客人到主人」的自醒自覺；二、愛族群如己的團結意識；三、保持勤儉奮鬥的傳統；四、重視人本人為資源的思考；五、友愛和和諧的人際情感；六、求實嚴謹的科學態度；七、落實民主制度化的決心；八、開拓創新的變革精神；九、追求最佳、爭第一的競爭意識；十、合法利潤的效益觀念；十一、辯證創造的策略思維；十二、主權自決，邁向國際的眼光。

客家族群特性與企業家性格之比較（註二）

范揚松對「匱乏」與「焦慮」的探討，旨在說明台灣客家族群職業分佈大都偏重在農工業，手工業或服務業，但四十年來「匱乏」與「焦慮」產生的做動力卻未消失，尤其近年產業結構改變，客家地區因著高科技企業引進，服務業的盛行，許多客家企業已逐漸浮出檯面，如西陵電子的吳思鐘、達德實業的徐進達，賀商電腦吳京逐，老一輩企業家則有資生堂的李進枝三兄弟，萬家香醬油的吳文華，桃園吳伯雄家族事業等，但在比例上遠遠低於閩南籍或外省籍人企業家！

海外的客籍企業家因遷移僑居地較早，擁有的資源，日益豐富，事業發展也一日千里，對當地僑居國決定的影響力，如在仰光的胡文虎，馬國的林紹良更是建立國際化的企業集團，但這畢竟是個案，僅屬於少數，與閩南華僑在海外的總體經濟成就比較而言仍遠遠落後。

曾任世界客屬總會前秘書長郭春霖指出「漂洋在外，對一個弱勢民族而言，其發展原本就有限，然而客家人在觀念上的束縛，才是阻礙其經濟發展的主要原因。」曾任僑委會主任秘書的楊尙霖亦指出「客僑在海外賺了錢，不會將資金累積在外，繼續擴充發展，反而將其匯資故鄉，接濟家人，致使事業始終無法擴大。」「客人」意識的限制，使客僑在經濟上所呈現的經營風貌多以中小企業爲主，經營方式也脫離不了勞力與農商。

由於危機意識的深層影響，客家人習於分散風險並趨向保守作風。達德實業年營業額五億，旗下卻擁有工程，電子，電腦、貿易共十二個關係企業，財力過度分散，資本便無法集中，去年曾一度發生財務危機。同爲客家人企業的西陵電子董事長吳思鐘亦很感慨的說：「如果不是受限於我保守的個性，今天的營業額會超過目前的三、四倍」。

由以上對「匱乏」與「焦慮」的說明，讓吾人理解客家與其他中國人一樣具有家族倫理，勤奮努力，節儉儲蓄，追求成就，各種發展事業累積資本的因素，但是因長期的匱乏與心理焦慮，造成思想、態度、行爲上不利於企業經營與累積資本，一些被外在環境形塑的性格也無法順利轉化爲成功企業家所應具的特質，譬如中庸保守，導致不敢創新，承擔風險；團結排外，導致資本及人才募集不易；順從堅忍，導致獨立性弱、權力需求低；封閉安份，導致僵化守舊，不善權變……等等，都是今後客家族群自由化、國際化、資訊化、商業時代所必須加以深刻檢討與轉化的課題！

客家族群自我調適之道

客家族群的形成自有其歷史上遷途的事實，長期的地處偏僻山林野地，不僅保持了傳統「中原貴胄」的倫理與氣骨，而且也因物質的「匱乏」與精神上的「焦慮」，塑造了特有性格與行為模式，既矛盾又統一的「兩面性格」我們在第一節時有詳盡的討論。

依據學者對企業家特質的分析，客家族群某些性格有利於發展事業，諸如積極入世，勤勉努力，堅毅不饒，強健體魄，實踐務實主義，有擔當肯負責。另外從國內學者對東亞經濟發展與美國新教倫理導致資本主義的類比中，找出了家族倫理，強旺的工作動機與成就意識是亞洲四小龍經濟高度成長的原動力，客家族群同屬受儒家思想深刻影響的一環，卻在經濟上的表現未盡理想。筆者認為外在政治，經濟環境條件的極度匱乏，加以遠離「原鄉」產生的過度焦慮限制了企業家性格的發展，導致「兩面性格」中較為消極負面、保守封閉的性個掩蓋了積極主動，開放熱情的性格。

可令吾人慶幸的是近十年來台灣政經環境已有重大變革，產業結構逐漸轉向知識密集的高科技業，金融業、服務業，對於重視文教、勤勉向學，普遍教育程度高於其他族群的客家而言，是一個轉型的契機；加上經濟上逐漸富裕，大多數人躋身中產階層，「原鄉意識」已漸趨式微，由「客人變爲主人」，「成爲一個新的客家人」呼聲，不絕於耳，自主自決已是普遍的共識；族群之間的互動愈來愈頻繁，彼此更能尊重與欣賞對方，這是客家族群轉化性格，調整思想、態度與所爲新的開始。

筆者按此原理，希冀客家族群從下列方向調適之，才會有創造性的進步：

1. 封閉心態要轉向爲開放包容：封閉心態往往造成唯我獨尊，唯我優秀的盲目膨脹，既自卑又自大的性格容易形成權威獨斷，因此必須拋棄封閉、邁向開放的心靈，多接觸，多學習其他族群的優點，並且懂得欣賞別人，肯定自己。

2. 守舊觀念要轉向創新與改革：固守傳統則顯得故步自封，過去的倫理未必可適用於今日瞬息萬變的社會，不創新即死亡，不改革則落伍，唯有從創新中可以找到族群的生命力，從改革中找到前進的方向。

3. 依賴意識要轉向自主自決：依賴政權依賴過去輝煌的歷史，會喪失原有活潑強韌的種性，也找不出可以發言的舞臺，不僅別的族群孤立你，你也無法永保既有的權益，唯有爭取自主自決，勇敢投入當地政經建設，才有自己的活動空間，才能有尊嚴地立足於這塊土地之上。

4. 功名思想要轉向事業競爭：現在屬於工商競爭的時代，功名利祿，做官爲尙的封建思想應徹底大破！經濟的大舞臺上，投資經商、累積資本，發達事業，迎接競爭是必然的趨勢，應有的風險必需面對承擔，何妨將以前與天爭、與地爭的拓荒精神，發揮於事業經營之上！

5. 二元模式要轉向多元思考：僵化的教條，吃人的禮教；回歸原鄉，重振光榮的一元化模式，斲喪了客家族群的活力，功名思想不是唯一的出路，藝術、文學、科學、政治、商業都可以走出一條康莊大道，也不可自陷於「漢族正統」的一元思考的迷陣，應加強族群交流與融合，從不同的價值觀，生活觀與事業關中，激盪出更豐富的文化內涵與更寬廣的視野！

以上調適之道，必須從觀念上著手破除長久以來的限制，並且立足於本土，致力於信心重建，帶動思想、態度、行爲的改變，才能契合新時代的來臨，換言之，客家族群應從外在環境變動中找出成功的契機，避開干擾威脅，同時亦對自己內在資源來評估，傾全力去發揮獨特優勢，改進可能的弱點，以此原則去訂出生存的發展的目標，並擬定最佳的成長策略，才可能厚植實力，迎頭趕上！

范揚松的客家意識與詩作

我和揚松幾乎有無數回，或多人座談或兩人對酌，談論客家族群的問題，如何喚醒族群魂！不再被視爲「隱形族群」等。揚松的論述，包含文化、產業及區域發展，此處先介紹他的「客家詩」，以客籍朋友、文化爲主題的詩創作。

鄉音

——記臺北客屬學員春酒聚會

車聲喧囂的街角，一種熟稔的腔調，
在晦澀夜空中咿——啞鼓譟
鏽蝕的辭彙，總是斑駁的記憶
記憶如星子，在蒼穹中黯黯閃爍
客家快炒火燙登場，一首山歌啊
串起奔逐的腳印，在童年碎石路
（划隻龍船到海心，日裏吹唱夜彈琴
人人講崖風流子，自彈自唱解開心）
…………
…………
（買梨莫買蜂咬梨，心中有病難得知
因為小梨愛刀割，割開正知傷心裏）
猛烈的撞擊，激迸跌宕的九腔

十八調，時間站上峭壁，危危地
俯瞰；山的稜線隱沒在浮華世界
古舊的聲音，強悍地對抗流離歲月
燒炙的酒精，燃向胸口撕裂的痛——
酩酊時刻，傷口已傳唱鄉音一遍遍……

二〇〇六、四、十

范揚松多年老友張文政棄政從學，在北京大學獲人類學碩士後任教於四川大學中文系，教授客語方言，張君窮十年田野調查，致力研究客語與文字對應。新華出版社已出其著作，出版前揚松代邀十餘位客籍學者朋友，以春酒聯歡名義共聚一堂，相互研討其觀點。酒過三巡，由張文政率先高唱客家山歌，多人唱和，雖感慨隱藏性族群的悲哀，卻也因此激勵大夥的認真打拼。該晚熱鬧非凡，揚松撰詩以誌之。

多年來，揚松每隔數月或重大節日，他總會辦一次客籍朋友的聚會，成員當然是客家人，以臺北地區的學者、教授、各行各業經營者爲主，人數不定（揚松也是很隨興的人），一至四，五桌都曾有過，我亦曾以「客家之友」受邀參加盛會。是會無組織、無目的、無經費支援，長期以來一直由揚松承擔著，會中小酌、高談、唱山歌，啊！老范這個人，可愛！可敬！

酒，山歌及其他

——記客家學者專家餐敘（註三）

飲盡惆悵，燃燒了綠地藍天
愚魯如我，對穎狂呼十數人
公然嗆聲：誰在遠方發亮如星

人在江湖裡衰老，卻叫醒一張張
面目模糊，陌生又熟悉的臉孔
桃園結義的戲碼，已華麗落幕
花開花謝，相逢不相識的酒館
……………
……………
世局遞嬗如棋，楚河侵入漢界
事事總在轉折處有亮光引領——
風湧千里，想像因斷續而脆弱

雲海蒼狗，咆哮著忐忑的城市
爭論何時了，杯與碗鏗鏘雄辯
一醉豈休？串串音符飛起山歌子
瞬間，鄉音發酵成酩酊的酒釀
……………
……………
誰？歌聲啊——引爆午夜星空
雄圖雖老，且再痛飲三百回……

二○○八年八月中旬揚松循例邀關心客家發展的學者、友人三十餘位，齊聚醉紅小廚餐敘，是夜，鄉親葉石城贈愚公高粱酒兩箱。論及客家運動，組同盟會等，觥籌交錯，鄉音嚷嚷，好不盡興。揚松獻詩一首並藏頭以誌之。

這回揚松邀約三十餘客家朋友，在「醉紅小廚」（在臺北公館台大校門口旁），痛飲「愚公」（酒的品牌）。席間論及客家運動，臺大邱榮舉教授倡議組同盟會等事，事後並無行動，並藏一傳統詩於現代詩頭曰：

滿座高朋飲愚公，人面桃花酒影紅；
世事風雲爭一瞬，牛飲千杯為誰雄？

短短小詩藏有詩人的世觀人觀哲學，就詩論詩，「雲海蒼狗，咆哮著上下的城市／爭論何時了，杯與碗鏗鏘雄辯／一醉豈休？……」詩語言運用高明，詩意濃厚，而「杯與碗」的雄辯，更是意象獨特地「絕句」。

……………………

燈與樹（註四）

燈在東。埋藏的種籽已然迸芽
熒熒亮光自黑黯深淵底，盤旋——
越過夜的邊界，越過地表的霜冷
在岩層裡掙扎，輾轉成一束白光
一種溫熱，溶解冰的零度與距離

……………………

燈在北。一遍森林如潮湧嘩響——
淘盡塵垢，閃耀每個星象的眼睛

江河在腳尖流逝，山脈霍霍成長
萬壑謙豐仍有嶙峋蒼松，咬破峭壁
屹立如燈，驀然回首——紛然——欲飛——

LED照明產業蓬勃發展，揚松好友邱雲來教授有志於此，同爲客家鄉親又致力於農業科技，聊得十分盡興。談及「以道滋商，以商養道」精神，提出「一盞燈，一棵樹」環保觀念與農業上運作，事後揚松協助邱雲來成立中華農業科技協會，邱任理事長，揚松爲常務理事，出錢出力。

早在十七年前（民84），揚松出版我的《決戰閏八月》一書，在最初接觸那一瞬間，我的直覺告訴我「這個人與眾不同」。不久我發現他有一種說不上來的俠義、俠情，但他是個商人，卻散發「儒商」的味道，那是很久以前的感覺。

近幾年來我構想以揚松爲寫作的研究對象，閱讀他早年作品，才發現原來這種俠情、儒商的浪漫情懷，根本是「天生」的，源自他的老祖范仲淹。如同這首詩「燈與樹」，他和同爲客家鄉親好友邱雲來教授的論述，「以道滋商，以商養道」，此「道」何道？應是傳統文化、環保生態和社會正義吧！

客家土樓印象

——讀吳家業作品（土樓之歌）（註五）

天穹在歷史迴廊裡的一聲嘆息——
千年以後，凝滴成一顆顆棋子
散落在重巒跌嶂的山壑間，佈陣
時間刀斧，叮叮敲開斑駁的想像
數唸掙扎過的險巇與蹌踉步履
記憶在燃燒，兵燹烽煙在血脈中
奔竄，日頭已傾斜，雲層正剝落
每個流離都是傷口，荊棘刺向身體
……………………
（土樓高聳又大量，百子千孫肚裡裝，
血濃於水戚誼好，互相照顧勤來往。）
……………………
拔地聳立的句號，可是流離終點
圓弧環抱，天地將自己圍成太極
雙魚飛躍中萬物生成，巍巍城牆

銹蝕地鐵門與石垛，堅毅地守護
每個故事轉折都成驚歎號，驚呼
四角八卦樓，樓中有樓樓上有樓
樓樓相砌相扶持，向天滋長

二〇一〇、七、十

吳家業先生，客家籍律師，與范揚松、方飛白、吳明興和我，五人很早就成爲「同一掛」的老友，經常在一起品茶小酌，各論其妙道。家業兄除了是現職的律師，他的作詞，作曲和山歌，已俱職業水準的功力。家業兄每作傳統詩，有時揚松便和一現代詩，這首「客家土樓的印象」是其一。關於吳家業，本書後部尚有專文介紹。

參與馬蕭客家政策制定

揚松長期在電台、電視有專屬的節目，在復興電台的訪談節目十餘年來從未間斷。電視節目則和客家族群文化有關，從二〇〇七年開，揚松與余思嫻共同主持客家電視台「高峰客家力」，訪談傑出的客籍企業家及各行各業客籍傑出者，討論客籍企業的成功之道。

「高峰客家力」原爲中國時報社社長黃肇松（現任國策顧問，世新教授）主持，後轉由客家台內製才聘揚松擔任主持人，這是它擴大專業影響力的重大事件。他主持一年研究訪談五十個企業個案，深入淺出的訪談，引導歸納補充，吸引許多客家鄉親觀看好評。訪談企業有小型企業連鎖集團到上市櫃公司，對談的都是企業老闆或CEO，最後獲得廣電基金會評選爲優良節目獎。因節目十分成功，諸多後續效應：

1. 獲聘國立聯合大學客家學院課程委員並擔任兼任副教授一職；因製作嚴謹發人深省。
2. 獲邀在圓山飯店舉行兩岸客家高峰論壇活動規劃及論文發表人。
3. 應邀到中央大學，屏教大及十數民間社團講授「客家藍海策略」。
4. 擔任台科大舉辦世界嘉應同鄉大會商機交流論壇大會主席一職等。

再者，揚松亦透過雜誌、出版、學術座談發表論文等，更深層研究客家文化的轉型，並提供政府部門制定合理可行的客家政策。像這樣一位無私、用心的人才，遲早會受重視！

二〇〇七年下半年，台灣的獨派政局已在垮臺邊緣，陳水扁已然困獸之鬥；而統派陣營早已磨刀備用，馬蕭團隊四處招兵買馬，但萬兵易得，軍師難找，尤其在客家族群領域，需要有合理可行又能得到客家族群認同的客家政策。亟恰當的人選之一范揚松，他與陳國祥召集近十位學者專家在辦公室做最後版本修訂。

二〇〇八年元月三十一日，爲「馬蕭政策白皮書」的客家政策，揚松應邀提出一份簡潔有力的報告，最後在全體組織的努力打拚之下，爭取客家支持，最後桃竹苗地區大獲全勝。

二〇一二年，馬英九總統爭取連任，因民進黨候選人蔡英文刮起小英旋風，馬英九支持率低迷，現任中央通訊社董事長陳國祥力邀揚松等人，討論客家選情並擬定新的客家政策，因客家地區票源優勢不再，蔡英文打出「客家的女兒」掀起支持浪潮。揚松除充分提供看法外，又應邀參與總統府行政院智囊跨部會協調，以總統府前副秘書長高朗，行政院政務委員朱雲鵬，客委會主委黃玉振，起草人則由陳國祥、陳金貴、范揚松代表競選總部幹部，展開兩小時研討辯論才取得一致，揚松當天提交一份補充建議極受重視。

馬英九競選連任的客家政策

——客家產業發展補充意見

范揚松以身爲客家人爲榮，他一生除自己的企管顧問事業和文學創作，是生命的「核心價值」外，對客家族群的喚醒、文化研究、客家政策等，都有高度的使命感。二〇〇八年的「馬蕭競選客家政策」產生預期效果，大勝利後，揚松對客家議題關注的熱情從未冷卻。

他持續主持客家電台節目，二〇一〇年又開始應聘國立聯合大學「客家學院」

副教授，次年接受中央大學「客家政治經濟研究所」專訪，提供客家創業的寶貴意見。

民國百年到了馬英九要競選連任，四年來的客家政策執行的如何？那些要改進補充的。百年的九月十日，在「國家政策基金會」（杭州南路），揚松參加「客家政策議題部會會議」，參與會議成員有：

主持：朱董事長雲鵬

出席：

總統府高副秘書長朗

客委會主委黃主委玉振

中央社陳董事長國祥

臺北大學陳教授金貴

大人物管理顧問公司范博士揚松

台灣加油讚策略部陳副總監建仲

列席：台灣加油讚策略部陳助理政彥

揚松在這個會議上提出一份簡要的「客家產業發展補充意見」，基本上是針對二〇〇八年製訂的客家政策執行，做增補以強化整個客家政策的完善。當然大選當前，爭取選民認同的策略是必要的，揚松的「意見書」全文如下：

一、從全球視野在地經營智慧角度調整客家特色產業輔導作法：

1. 從點狀廠商輔導調整為產業價值鏈或產業聚落總體營造，整合上中下游企業資源及人財物力，每年集中輔導 2-3 產業。

2. 結合馬政府推動六大新興產業為重心，包括生物科技、觀光旅遊、醫療照顧、綠色能源、文化創意、精緻農業等，加以輔導或補助。

3. 整合政府現有十三個廠商輔導系統協助客籍企業轉型與升級，如生產力中心、聯合輔導中心、管理科學學會、中小企業協會、工研院等。

4. 運用國貿局、外貿協會全球網點及展銷中心，協助客籍企業佈健全球通路每年徵選十大類各十項優良廠商，補貼品牌宣傳或上架費促進流通。

二、活化各地客家文史館功能及園區使用率發展公私合夥經營或 OT 委辦。

1. 將閒置或績效不彰客家文化中心委外經營發展成客家特色民宿或展演場地，體驗客家衣食住行育樂……，將文化、語言轉化為經濟活動之中。

2. 將客家園區閒置廠房或辦公空間開放成與當地大專院校合作社區大學，產學合作基地，創新育成中心或建立全球客家文化創意中心。

3. 提撥國家發展基金，募集客家創業投資基金結合政府青創貸款機制，善用現有場地成立文創育成中心，輔導客家子弟創業。

三、全面培養客家產業產銷人發財各領域人才，推動產業人才庫建立。

1. 建立全球／全國客家專業人才庫查詢系統，建立文法商、理工醫農各學門、碩博士或專業證照人士登錄及更新系統，裨客家產業發展可快速建立顧問諮詢團隊。

2. 除客家山歌班、夏令營之外，善用各地大學（專）客家學院或研究中心，培養客家子弟創業管理、品牌、經銷及財務低中高階主管。

3. 主動辦理全球／全國客家企業領袖高峰論壇，分享學術及實務成果，經驗傳承，可以論壇、高峰會，或研討會方式進行，每年北中南舉辦六場。

四、加強媒體網路宣傳，擴大影響力倡導客家文化及產品。

1. 由客委會與網路資訊公司合作共同集資推動客家網購商城，整合資訊流，金流及物流，創造熱銷商品，讓客家在地經濟活絡起來。

2. 獎勵補助國內外媒體各電視劇或電影，置入行銷客家特色產品產業或旅遊景點，創造故事性、話題性與聚客力，人才即財富。

3.舉辦全球或兩岸客家各大賞（獎）選拔推介（客家小姐、模特兒，才藝或歌唱、文學、農特產品、發明專利……），擴大媒體宣傳效益及品牌強度。

馬總統競選團隊在整合各家意見後，提出完整版的客家政見書「榮耀客家　藏富客莊：馬總統競選連任之客家政見」，馬總統這份「政見書」有八大主題：

㈠紮根客家語言傳承，客語認證起始年齡降至四歲。

㈡提振客家特色產業，協助布建全球通路。

㈢扶助客家文創產業，將客家節慶提升為國際觀光文化活動。

㈣輔導客家青年創業，成為客家文創與特色產業的發展尖兵。

㈤成立客家文化基金會，以靈活的機制和豐沛的資源推動客家事務。

㈥培植客家領導人才，推動客家青年領袖教育課程。

㈦厚植客家社群力量，形成多元化參與風潮。

㈧打造台灣成為世界「客家新都」，吸引海外客家人參訪旅遊。

馬總統的客家政策充分納入揚松的意見，並經由行政、立法等層面落實執行。這是揚松以身為客家子弟，心懷著這份「使命必達」的使命感，如今由同是客家子弟的小馬哥來完成，應是揚松這輩子最大的安慰。

但是，有一點現代知識（尤其政治、社會科學）的人，都知道政府不可能包辦所有的事，且政府包管所有事情並非好事，孫中山雖在百年前提出「萬能政府」構想，永遠只是構思，真實的萬能政府在地球上並不存在。於是，有一部份政治思想家主張「管的最少的政府是最好的政府」，時至今日仍是重要的「政治理念」。凡有一點人文觀察力者，就會發現世間最美麗、感人、美善的人事物，絕大多數來自民間社會，而不是政府部門。

范揚松何其聰明！人文觀察何其敏銳！他深知那些道理。因此，當二〇一二年小馬哥勝選，揚松掛念的客家政策可以經由公權力去執行，他遠離公門打算從民間啓動「多元智能觀點下客家文化教學設計」（大綱如註六）。他認爲目前中小學過度偏於客語教學，然文化範圍廣泛，如人際、內省、語文、空間、音樂、肢體、邏輯、自然等面向，這是「第三波教育」。此論文在台灣客家筆會研討中發表。一萬三仟之字。

范揚松許多客家的論述及基本觀念，除整合諸多學者專家精湛研究外，他成長的家庭（族）也是有極大的影響力，尤其新竹范家人才輩出，各領風騷。揚松對長輩十分敬重，對父母尤其孝順，每月有空必回新竹孝敬老人家。爲父親范光南，母親范張春妹都有詩作描述，其中修給父親的〈痛的詮釋〉，寫父親膝蓋酸痛的情景戲謔中令人有椎心之痛，值得稿錄饗讀友：

他說：那種痛是陰晴變化的抽搐
一雙腳，用膝蓋撐住一個星球的
撞擊，在崎嶇顛簸山徑，奔逐
鏽蝕踏板，吱吱叫響斑駁地
鬼日子——！沒有喘息，不喊聲艱辛
卻總在午夜時分痛醒又疲憊睡去
…………
他說：那種痛是掀天覆地的翻攪
一隻羸馴膀胱，任狂濤駭浪拍——打
…………
他說：那種痛是揪心敲肺的捶打
紅衫軍衰數後，胸口響起咻咻鳴笛
…………
他說：太多痛反而測不準故事的轉折
年輕的腳筋到昏花的眼神能看清嗎
細瑣的痛，祇能靠蒼邁的笑聲修飾

偶爾用回憶烘烤，搪搪痛的份量
配著池精服用，或挖著未癒的傷口
丟下一串自嘲，探探可承受的痛的深度……

確實，民族文化的形成，從家庭開始！通常是千百年的演化、發展，看樣子有生之年，揚松有得拚了！

註釋：

註一：范揚松，「客家文化傳統的反省與出發」，《客家》第三十五期，一九九三年四月，頁三八－四〇。

註二：本章以下大部內容，以范揚松論文「客家族群特性與企業家性格之會通與轉化」大部分採用為主。該文發表於八十三年度全國文藝季客家文化研討會，時間是八十三年三月十二、十三兩日，行政院文化建設委員會主辦，客家雜誌社承辦，地點在苗栗縣立文化中心。

註三：范揚松，「酒，山歌及其他」，《葡萄園詩刊》第一八一其（二〇〇九年二月十五日），頁一〇一－一〇二。

註四：范揚松，「燈與樹」，《葡萄園詩刊》，第一八四期（二〇〇九年十一月十五日），頁一一七。

註五：范揚松，「客家土樓印象」，《葡萄園詩刊》第一八七期（二〇一〇年八月十五日），頁一六七。

註六：多元智能觀點下客家文化教學設計，共一萬三千餘字寫作大綱：

1. 緣起；客家文化不僅限於語言。
2. 全球化、在地化、個別化下典範轉移。
3. 多元智能作爲文化教育的理論與實際。
4. 以多元智能爲取向的客家文化課程設計。
5. 〈桐花祭〉主題與多元智能教學目標。
6. 以多元知能設計並檢視教學活動。
7. 教學活動、教學評量與自我反思。
8. 結語；讓文化傳承落實在日常生活中。

第十三章　因教育事業遍地授課與講學詩

時序如飛梭，似瞬間已過民國之百年，走到廿一世紀第十二個年頭，梢聲雖徐徐，卻催促人加快腳步。檢視范揚松此時的光景，他正站在三座大山之峰頂。

一、詩創作峰頂，近幾年來創作大增，以「講學詩」最多。

二、管理界峰頂，管理瑞士歐大碩博士班，擠身華人管理名師。

三、事業創峰頂，數位產品行銷與講學，遍及中港台岸與星馬。

但這峰頂是不是揚松「最後的高峰」？顯然不是。這時揚松材不過五十出頭，未來尚有多少個高峰，是可以預期的，將顧問培訓穩健發展外，學歷學位教育更是他策略性的選擇。

揚松爲什麼管理顧問業務之外又要投入外位內修教育產業，他在公司簡介中強調一、本身在大學研究授課十分熟悉企管碩博士教育體系，二、國內外企業碩士班、研修班已飽和，欠缺博士課程（DBA）市場商機大，三、剛巧瑞士歐洲大學擬向亞洲發展，大人物管理顧問集團有此辦學優勢，因此爭取了代理權。揚松採取穩紮穩打精耕細作的方式辦理業務、教務，不到五年即有二百多位碩博士學員。

范揚松辦學強調實用有效，廣佈人脈獲取寶貴商機。

傳統 PHD（哲學博士）以理論創造爲主，脫離了實務。DBA（企管博士）爲職場資深人員首選，尤其擔任企業顧問、企業高管及策略規劃人員，亟須此學位之訓練，揚松強調理論、實務整合的行動學習系統，獲得熱烈迴響。綜合在學及畢業 DBA 的潛在利益可歸納如下述：

- 將實戰經驗與理論印證，整合與系統化
- 將與國際趨勢接軌，連結全球商業人脈
- 發展優秀的經營團隊，結合人才與資金
- 提升自我形象地位，躋身高學歷生活圈
- 獲得社群積極認同，保持專業領先聲譽
- 汲取最新知識，創造生涯視野與自由度
- 激勵自我更新，保持事業生涯持續優勢
- 突破現狀，爲生涯第二春做出發前準備

●接受嚴謹論文訓練，鍛鍊思維成一家言
●博士增添家族光榮，俯仰以不愧於祖先

范揚松教授主持的學位計畫特別之處

瑞士歐洲大學成立已有四十年，四大分校，二十二個學區，范揚松主持的大人物知識管理集團已有十八年歷史，不論其管理顧問，教育培訓及數位內容產業的投入與成就，均受產官學研各界所肯定，揚松是以下列方式鼓勵進修歐大：

●主持人有十年國內外 MBA・DBA 課程規劃與教學經驗
●實務個案教學，二十位博士及教授具十五年的企業資歷
●開放性系統教學，帶問題來上課，教授顧問共同解決
●提供哈佛、歐洲商學院 VCD 課程，內容精采獨步全台
●瑞士歐洲大學四分校二十二個學區可轉換份校學習進修
●免費使用電子資料庫 E-Learning 線上課程七千點
●校友師生定期聯誼畢業交流，人脈推介創造可觀商機
●教授即顧問，定期爲研究生舉辦一對一專案輔導規劃
●代辦國內外證照、顧問及內訓規劃執行享有超級優惠

●范揚松及老師校友資源豐富，研究生可充分利用諮詢

揚松研究行動學習，教學模式發展自己辦學特色與說明：（參考下圖）

百年元月，揚松赴廣東、福建考察業務，跑遍七個大城，此行亦與好友劉台平共同主持「海西座談」，開展海西地區商機。三月到江蘇昆山講學，並與名教育學者簽署「瑞士歐洲大學碩士班合作辦學合約」，揚松主持的碩博士教育事業正是在大陸拓展。

開發中研院史語所集刊資料庫、雄獅藝術知識庫，都在今年獲經濟部和文建會頒獎。十月帶領台灣的碩博士到北京大學，與北大博士班合堂，站上北大講壇主講「品牌行銷與中國攻略」。

百年到○一年的講學足跡很廣，安徽

項次	我們不是……	我們努力成爲是……
1	靜態式以學期爲單位，以教師爲中心的課程主義者。	全年無休客製化，以學員爲中心滾動式的課程設計。
2	教授專家賣弄理論名詞與權威的大講堂，玄妙卻不實用。	是教與學相互對話與激盪實務現場，歡迎帶問題來上課。
3	套用理論，研究理論，創造理論的學術研究中心。	理論與實務、人脈與商機交流整合的商業平台。
4	學校本位，固定人數、固定人際，固定地點教室。	人數不定，人脈擴張，移地課程，跨地區學校學分整合。
5	以美國 SSCI 爲導向的全球學術排名，追求論文發表與引用次數。	以解決學員實務問題爲導向，在地化，強調解決問題數及效益。
6	一門課一個老師從頭至尾，實體教學，老師主導學生學習與畢業。	一門課 3-4 位講師協同教學，結合虛實，學員參與教學評鑑。
7	教室即恩師，強調知識與權威，畢業即再見，未整合資源。	教授即夥伴或顧問，可發展成人脈資源或事業夥伴。
8	已取得學位是主要考量，以名校爲取向；台灣教育部認可。	以學習爲考量，以課程及師資爲中心，追求全球各國認可。
9	學院派精英式，階級式炫耀性 MBA，不具學習彈性。	開放空間，實用取向，互動成長的 MBA・DBA 碩博士聯讀。

大學、北京大學、深圳大學，海外星馬等地約四十七個城市。在台灣地區各方邀講亦多，包括行政院所屬部會各地縣市政府，對花蓮、宜蘭、馬祖、金門縣政府一級主管講授「藍海策略與創新實務」，在新竹縣市、東勢、高縣澄清湖講「地方特色產業經營轉型之道」，輔導高雄鳥松花卉園藝業者，及各地商圈活化，近幾年在「國家文官學院」課程亦多。朋友們聚會開玩笑對揚松說，「你除了尚未到佛門講地藏經、心經，還有那裡沒去講課？」

參與國家高級文官升官等授課

揚松在考試院國家文官學院上過「高特考基礎班」、「委升薦任班」、「薦升簡任班」、「初任簡任官管理才能發展班」、「十二職等決策班」，講授課程更多達六七門課諸如「政策制定執行與評估」、「危機管理與行政個案」、「變革管理與個案」、「問題分析與決策」、「創意與創新管理」、「感動服務與績效提升」……每年教授學近千名政務官員。

除了授學外，並擔任高特考班、升簡任官課程委員，出情境模擬題試卷及批閱，連續三年擔任公務人員進修書籍評選委員，公務員閱讀寫作比賽復決審委員。連續數年亦擔任企業經理協會國家總經理獎的評審、口試委員，這份差事讓揚松在管理學界影響力日增。

確實，揚松的企管真是無所不管，而這百年高峰中，最足以代表揚松在企管界「一言九鼎」地位者，正式在百年十一月由商周出版，《領導未來的CEO：12堂EMBA名師的管理必修課》一書。（註一）被約稿的十二位結合理論與實務的專家，也是口碑極佳的教授，揚松被列爲名師之一。

十二位華人管理名家，個個大有來頭，十二位EMBA（企管碩士）名師，每一人針對管理必修課程提出一篇最有代表性的論文，范揚松提出的課目是「領導統御：從管理者到領導人的高階思維」，全文約三萬字，（註二）所謂CEO？即Chief Executive Officer，面對變化越來越快的世界，經理人必備的廿一世紀管理聖經。想要領導未來，領袖群倫的人，必須好好修這門課。

揚松在論文伊始引述「沁園春」中的「江山如此多嬌，引無數英雄競折腰」指出確實在歷史洪流中「浪濤盡千古風流人物」，值得稱頌的領袖人物寥寥可數，企業界出類拔萃的高階領導人又何嘗不是？優秀的管理者與卓越的領導人在本質上有很大的差異！揚松鑽研策略與平衡計分卡，因此從策略觀點談領導；透過文獻研究認爲：

傳統對領導的研究，從領導特質論、行爲論到情境論都有深刻的論述與原則可遵循。晚近新興起「歸因型」、「魅力型」、「交易型」「轉換型」與「願景型」領導理論，以領導屬性（確立方向、帶動組織、鼓舞員工、展現風格）爲主流的論述固然可整合前面的理論觀點，而且可引申出許多指導性的領導行爲準則或職能條件，但無法告訴我們領導人在不同內外環境、不同策略選擇、不同事業週期中所承擔的使命，畢竟任務與策略性績效要求是不同的，換言之，沒有策略性績效作爲領導職能／行爲的指引、校閱或評估，又怎能證明領導屬性是有助於提昇企業效能的呢？

因此，揚松藉由平衡計分卡的概念，作爲策略性績效目標，分別爲投資人、顧客、組織與員工績效，四項屬性與四類績效，可構成相互對應的績效領導力矩陣中推論出策略性的行爲與能力，做爲領導人甄選、培育、任用的參考依據，這正是談論文的核心觀點，也是台灣學界第一個提出平衡領導計分卡的人。

揚松提出「領導力＝屬性✕績效」這個基本模式外，還強調高階領導能力模式包含策略性（用腦）領導、激勵性（用心）領導、實踐性（用手）領導以及品德性（用信任）領導，四種整合爲一，內聖而外王，不僅強調自我修煉，以德服人，更須在策略規劃及實踐上能高膽遠矚，開創新局，突破逆境，勇往直前。

揚松在這部份的討論中，特別凸顯一個議題，即不論高階領導人有多輝煌的戰功、績效，都必須與企業文化、核心價值相契合，才能長期爲組織做出貢獻，否則如惠普公司前執行長菲奧莉娜、波克夏公司接班人索科爾、宏碁集團全球執行長蘭奇……等人，雖然戰功彪炳，但違反了該公司的文化與價値，最終只能黯然下台。

最後揚松補強柯林斯的觀點，認爲卓越的領導人應該是：

一、造鐘，而非報時：第五級領導人不會爲了滿足自大的心理，讓公司變得非他不可，反而努力建立沒有他仍能正常運作的公司。

二、擁有強烈使命感：第五級領導人對於公司發展和公司所代表的意義懷抱雄心壯志，他們不是追求個人的成功，而是具有強烈的使命感。

三、不斷刺激進步：第五級領導人不斷刺激公司進步，以達成具體的績效和成就，到了六親不認的地步，即使必須開除親兄弟也在所不惜。

壯哉偉哉！第五級領導人謙卑內斂、專業堅持、果斷堅決、擇善固執，國內有許多典範可供學習，如王永慶、許文龍、施振榮、張忠謀等，都值得吾人深入探討與效仿。邁向 CEO 之路，就要從虛心學習開始，逐級而升，以第五級領導人爲生涯的顛峰目標。

在這本書出版之前揚松即撰寫的管理書及論文，受到重視，如論文（中鋼各階層主管工作態度之研究）（1985）、《變革與持續創新》（2007）。編著《人力資源管理》（1990）、《成功巔峰》（1993）、《生涯闖關》（1994）、《業績倍增》（1994）、《團結真有力》【上下冊】（1995）、《魅力登峰》（1996）、《變中求勝》（1996）、《制伏危機》（1996）、《非常傳銷學》（1996）、《暢銷A計畫》（1996）、《爲生涯點燈》（1997）、《EQ 闖生涯》（1997）等書，以及《如何廣結善緣，人脈亨通》、《新新人類與心理激勵》（1996）、《做時間的主人》、《傳銷領導與組織倍增》（1997）、《尋找生涯策略馬》、《成功致富機會學》（1998）等卡帶。另出版《形象塑造成名學》（上中下三巨冊，2000）、《餐飲管理制度大全》（上中下三巨冊，2001）、《美容院經營管理制度大全》（八大巨冊，2002）等工具書，六十集企管與生涯 E-Learning 課程（1998—2006）。

參與廣播電視節目製播影力增大

因爲往返兩岸擔任管理顧問及企業管理教授，自二〇〇〇年到二〇一〇年左右，揚松除零星接受媒體訪問座談外，還應復興電台之邀擔任「兩岸下午茶」主講嘉賓談了十年，每月分四次播出，成爲該台長青節目，金鐘獎主持人鍾寧與揚松配合無間，盛讚揚松準備充分，內容豐富，口才便給、立論鏗鏘，十年一百多個主題，兩岸極多粉絲聽眾。這些內容將整理爲文稿上百萬字之外，也製作了六十餘門網路學習課程，約略如下：

1. 策略組織系列

□藍海策略與創新實務　□策略與平衡計分卡　□組織創新與學習　□紅海突圍與變革領導　□創業成功與條件　□建立事業夥伴關係　□五項修煉與組織學習

□有效執行力管理 □獲利模式與賺錢配方 □遠景與策略發展 □會員制商業獲利模式 □財務危機預防與決策 □從動態戰爭觀點，談企業危機處理 □全球化趨勢與商機探索 □預見未來，開創商機

2. 行銷銷售系列

□顧客滿意與關係管理 □大客戶銷售攻略 □危機管理與公關運作 □績效不佳突破技巧 □美容藍海與服務行銷 □孫子兵法行銷學 □行銷創新及發展品牌

3. 職場人脈系列

□廣佈人脈，開創商機 □贏得掌聲，步步高升 □人脈存摺的運作技巧 □廣結善緣，人脈亨通 □善用人情關係與面子 □如何化解人際衝突 □尋找貴人，追隨師父 □如何成爲超人氣職場贏家 □國際人脈的建立與維護

4. 領導統御系列

□標竿學習與績效提升 □領導團隊達成目標 □如何管理問題上司 □人才開發與培育技巧 □人力績效提升策略 □跨部門團隊建立運作 □企業領袖領導魅力 □激勵士氣創造績效 □新新人類與心理激勵 □你所不知道的專案管理 □第二代接班與創新經營 □企業變革創新局

5. 談判溝通系列

□談判議價操盤手 □魅力講師教學技巧 □有效主持與參加會議 □有效溝

通與表達 □說故事，創造管理力量 □說故事的魅力養成

6. 系列生涯系列

□積極行動力 □做自我的變革大師 □如何擁抱E世紀 □反敗爲勝，再創高峰 □輸贏在自己 □成功策略優勢定位 □MBA 創造生涯巔峰 □評估自己，創造生涯優勢

7. 大陸投資系列

□投資思維與商機判別 □投資中國商機與風險 □台灣經驗轉移大陸 □第四波台商投資熱 □如何與大陸人談判做生意？ □連鎖英語教育在中國發展初探—以吉得堡爲例

8. E化管理系列

□電子商務獲利模式分析 □E化力量打造新商機 □台塑網E化創新思考 □阿里巴巴創業及獲利模式 □知識管理與人才培訓

以詩傳道大量創作講學詩

多年來范揚松在兩岸、海外，至少數千場次講授，就是講這門企管必修課，這是范揚松的世界，不是我的世界，我只能欣賞、讚嘆！但他到處講學，寫了很多「講學詩」。應邀單位層次很多如總統府國安會，監察院、考試院、行政院所屬部會縣

市政府他依單位性以詩載道，傳達他的批判與期望，這是台灣現代詩談中極少的寫作取材及表現方式。不同於前章倒扁詩、客家詩，以下介紹幾首以欣賞揚松不同風格的詩創作。

航向藍海

——勉國家文官學院決策班官員

海嘯狂囂聲，驚醒歐美帝國奢華夢
礁岩獠牙交錯，在潮湧潮退中凶險地
咬噬無盡海岸線，連綿防波堤已崩裂
海水的鹹澀銹蝕了冠冕堂皇的貪婪
淹沒了華麗的叫賣以及嘿咻聲
在金光燦爛、爾虞我詐的華爾街裡
…………
…………
知識的劍光，速速集結在海岸線
精算潮汐漲落時點，不能猶疑
引擎的呼嘯聲喚醒四海魚龍

快快啟航，揮動粗壯的臂膀
從殺戮的紅海調整羅盤方位
航向藍海，直到每個心的最深處……

揚松長期擔任國內外大學及企業高層主管教育訓練，近年則應聘考試院文官學院講座教授，持續爲各級府院高級文官作課程或講演。強調值此危機四伏不安年代裡，有一份憂心，亦有一份期待，至盼位居高位的官員以民爲本，能困勉知之，篤實行之。

湖光山色即景

——赴日月潭為松下企業授課

是攀旋的山峰在雲層裡禪坐調息
修練一萬年的塵緣，化作熠熠
星月的光澤，灑向靜謐的湖
粼粼如奧義經文，注釋著
一段未竟因果，曖曖的
山嵐，隱喻神的訓誡
轉折陸上，在窄仄

鳥徑中，有奔竄的野豬
迷途水鹿，驚恐張望
向文明探問，向山
乞求一盞燈
…………
…………
磅礴的原始鼓聲
依山勢起伏，跌宕
誦念的經文如風飄過
環繞慈恩塔的肅穆莊嚴
情歸何方？一粒砂塵飛過——
誰能開釋迷津？星月爭輝中
在心的頂峰，誰與誰相遇相惜

（初稿於101.3.29，定稿於4.7——）（註三）

這是一首詩質濃厚之上品，起頭「攀旋的山峰在雲層裡禪坐調息」，意象飄逸高遠，見山在雲端，峰頂似一個禪坐的老僧，而此刻詩人正要去講授企業課程，這

「出世、入世」在詩一起頭就「統一」起來。接著「奔竄的野豬／迷途水鹿，驚恐張望／向文明探問，向山／乞求一盞燈」。當然，詩人去講課，沒有看到野豬奔竄，更未睹水鹿迷途，都是心生心滅與心境。

戰地風情

——記赴金門縣政府講學（註四）

穿越時空的耳膜，轟隆隆地震醒
海峽彼端，砲彈仍壓抑著燥鬱爆發
一排排子彈，飛向遙遠的想像空間
一排排舢舨，駛進相互逾越的中線
一排排防風林，戍守漸次崩塌的海岸
一排排斑駁的記憶，在潮起潮落裡銹蝕

…………

（風獅爺們，在烽烟中堅毅地守護
每塊碎裂的磚瓦，以及驚恐的心事……）

…………

……………
三十年，時間的眼睛窺探多少秘密
老兵愴恍的身影，以凋零、飄散
毋忘在莒的將軍令，以摺成信鴿
賣身不賣藝的八三么，變成塗抹胭脂
袒胸露乳，搔首弄姿的前線風景
……………
……………
（風獅爺退去黯淡油彩，學習變臉
悠然笑意，隨陽光灑遍庄頭村尾……）

（初稿於三月中，定稿於2012.4.7）

這首「金門講學詩」喚醒筆者的記憶，我再金門駐防五年，最後一次民國七十九年回台後，浯島風情完全「歸檔」，至今二十多年了，重讀揚松的戰地詩怎不一樣。「毋忘在莒的將軍令，已摺成信鴿……一排排觀光潮，攻陷古寧頭戰場防線」。短短的詩意，彰顯目前兩岸關和金門地位。

黃山記遊

——赴黃山為校長們授課並登光明頂

巍峨天險，盤據整座天穹的視角
陡峭的絕徑，驚駭成曲折轉輾的箭
從萬壑千山中射出，穿越鬱鬱松林啊
從亙古青苔中射出，飛馳過熙攘時空
從詩詞歌賦中射出，敲響一路韻腳巔簸
從煙霧繚繞中射出，想像已然飛越萬重山
……………
（奇石怪巖，在花崗石林裡崢嶸崛起
蒼松破壁橫出，用濤聲撼動一座沉默的山）
……………
危顫顫青石板，自心底攀向一線天
倒懸若崩陷，撲擊每個一句吆喝——
蟲鳴唧響，蛇蠍奔竄蹌踉之間
風景上升著引誘著演出奇幻劇場
幕起幕落，無常穿梭在懸崖與巔峰

一隻攻勢凌利的箭，向光明頂繼續飛……

（定稿於2012.9.18）

揚松善於經營詩的意象，夸飾詩語言，我在多篇論文中有較多深論。如這首「鳥松園藝講課詩」，「香椿樹撐開了／一方蒼穹」、「華麗綻放／飛舞，撲向眼耳舌身意」，前面才提他尚未到佛門講學，瞬間竟把「心經」般出來了！「你的愛，擦亮每一枚日子」，以「一枚」說日子，是很新奇的語言。

早在十餘年前，我在「江湖夜雨十年燈：評詩人范揚松近十年作品」（一九九一－二〇〇一）（註六）論文，綜合觀察揚松的現代詩意象創造和運用，使用最多有燈、光影、碑、山、年輪、酒、鬼和愛等八個意象。

第一名「光影」意象，如「年輪記事」、「緣故」、「爲自己出征」、「歲月如碑」、「魚雨雁」等詩作。

第二名「愛」意象，如「飛向花蓮」、「以閱讀之名」、「嚴謹與浪漫之間」、「焚燒的旅程」等詩品。

第三名「山」意象，如「春天的種植」、「地圖」、「十二點鐘的位置」、「七月的祝福」、「傾斜四十五度」、「北迴航線」等作品。

第四名「鬼」意象，在反貪倒扁、批判貪腐的詩中，鬼卒茂盛，魑魅魍魎、魈魃魑魙，影射分離主義者的鬼頭鬼腦、鬼鬼祟祟、鬼蜮伎倆。揚松這類失的表現手法，真是一絕！

以上八種意象的運用，在後來揚松的「客家詩」、「講學詩」也常用，包含本章所舉的幾首講學詩，以下再欣賞兩手他的講學詩，大連給新加坡SMI集團高階主管授課及華南師大講學。

大連，初春即景

——兼懷北方友人呂佩橙（註七）

……

你在北方，是否測量著雪融的速度
可聽聞汽笛嗚嗚聲，叫醒天空
天繼掛著薄冰，清脆地烈響

霧起霧落，總遐想大連宛若出浴
女子，豐腴身姿，搖曳成春光嫵媚
驚艷呀風景，從陡峭公路上盤旋
日頭紅通通，在酥胸上驚慌奔竄

飛升，燕窩嶺上誰在竊語歡歌——
原是鳥林居裏紛飛的鶯鶯、燕燕
老虎灘上，嬉春喧譁中可有你倩影
汽笛悠悠響起，霧氣退入渤海灣中
聳立的華表，慣以高挑身影，攬鏡
自照，照著剝落容顏，華麗難如煙
……………

二〇〇七年三月二十五日揚松自大連返臺途中寫初稿，修訂於二〇〇七年五月六日。揚松初訪大連印象甚佳，與SMI集團高階主管授課三整天後，在大連的海濱山野旅遊一圈，有許多新鮮發現。因知悉中國友人呂佩橙，二十年前即在此避暑一個月。大連、北京兩地相談甚歡，恨未能同遊。

愛‧流離（註八）

（花開，一種顏色綻放的等待）

指風箏飛升一跌落，細線拉扯中
距離從指尖過去，在地平線彼端
哭泣，用思念包裹著模糊想像
模糊中清楚地向星空飛逝，始終——
呼喚著玫瑰的名字與不羈身影
……………
……………
在床與床的角落哩，酒精點燃慾望
城市與城市途中，一雙鞋踏破他鄉
兩國盟約與背叛之間，誓言拋向——
冷冷青空，你仍用經緯綫努力描摹
身影，在現實與抽象之中畫筆凌亂
（等待，是一種默默的恆久的燃燒）

揚松有數首寫胡適與韋蓮司的詩，在二〇〇六年六月一日，華南師大南海校區講學後，忽憶及胡適與美國紅粉知己韋蓮司情愛之種種，異國情緣有讚賞、有悵然，揚松寫下這首詩，是否詩人正思春？

二〇一二年之炎夏，七月十五日在台北天成飯店，一群「葡萄園詩社」詩人們，正在慶祝創刊（社）五十年，多漫長的五十年，這些詩人朋友們不離不棄。我和揚松也是多年老社友之一，這天正好他在大陸講學，我「不忍」老友未能參與盛會，乃代他簽到，象徵老范也到了。

檢視簽名錄，除筆者和揚松外，涂靜怡、王幻、金筑、金劍、林錫嘉、映彤、向明、莊雲惠、胡爾泰、台客、麥穗、林靜助、狼跋、子青、丁穎、方群、藍雲、傅予……共同守護一方葡萄園，向「健康、明朗、中國」前進！

註　釋：

註一：黃丙喜等全球十二位華人管理名師，《領導未來的 CEO：12 堂 EMBA 名師的管理必修課》（台北：商周出版，二〇一一年十一月）。

註二：同註一，頁五三—九七。

註三：范揚松，「湖光山色即景：赴日月潭爲松下企業授課」，《葡萄園詩刊》，第一九四期（二〇一二年五月十五日），頁八二。

註四：同註三，頁八一

註五：同註三，頁八二—八三。

註六：陳福成，「江湖夜雨十年燈：評詩人范揚松近十年作品」（一九九一—二〇〇一），原刊《葡萄園詩刊》第一五三期，民國九十一年春季號。後收錄於余所著，《尋座一座山：陳福成創作集》（台北：慧明文化出版社，民國九十一年十二月），頁二五七—二八九。

註七：范揚松，「大連，初春即景」，《尋找青春拼圖》（台北：聯合百科電子出版有限公司，二〇〇七年十二月一日），頁一六七—一六八。

註八：同註七，頁二五五—二五六。

第十四章 食客三千與藝文交遊詩錄

我研究人與人的關係、交誼數十年，我始終在做很有趣的觀察，年輕在學和早年在職場時，耳聞目睹長官罵他的部下，「不要搞小圈圈」，年少不懂，以爲是。

我持續觀察所有任職的各單位，平行的，垂直的，乃至遠離職場的私領域人際關係，各種大小圈圈真是無所不在。好利者成一圈，俠義之交也一圈，小人聚一圈，君子之交亦一圈。

有一陣子我常隨台大登山隊，爬了不少百岳經典高山，玉山、雪山、大小霸……看到更壯濶的高山植物林，松、柏、杜鵑、箭竹……都自成「獨立的一片叢林」，相同的植物總是生長在同一地帶，自成一大片，尤其箭竹林更有「排他性」。原來搞圈圈是生物的本能，是一種「生活方式」。「雲從龍，龍從虎，麋近鹿，鳳求凰」；「魚找魚，蝦找蝦，烏龜找的是王八。」是自然形成的圈圈，人類社群關係的某些最基本面。圈圈的形成與其他生物所差無幾。

但人類社會的圈圈形成雖立基於生物本能，惟其發展則較複雜，比如行業、行會、行幫、學歷、學派、年誼、同學、鄉誼、黨派、街坊、地緣……可謂無窮盡，各民族、各種社會亦如是。

圈圈的形成通常會是友誼的形成，除了同行有直接利害衝突，一般來說，同圈圈的人大家共認是朋友，這是長期經由地緣、人緣、機緣等各種因緣關係「醞釀」的結果。

對於這塊「重重疊疊圈圈」的關係網，該不該加以「利用」運用，見人見智。本書論述的主角范揚松主張要「積極運用」，可拜讀「邁向巔峰十三項修練：成功生涯的白金法則」，「第八項修練：廣結善緣倍增人脈」，該章范揚松教你打造九本「人脈存摺」，該課程在國內外十分熱賣！

因而，從我認識揚松快二十年了，參加過他無數各類朋友關係的聚會、餐會、座談會，正式的，非正式，臨時的……如今我已成揚松友誼網的「核心份子」。本書的試圖探索這個友誼網的組成、結構、內涵，體現其更多意義和價值，並以「食客三千：范揚松的人脈存摺研究」標名之。

「食客」乃引我國戰國時代「戰國四公子」，信陵君魏無忌、平原君趙勝、孟嘗君田文、春申君黃歇。此四大公子，爭相養士，食客不計其數，可以說是最早建立「人脈存摺」之典範。

四公子中以信陵君爲人寬厚，禮賢下士，有勇有謀，在性格、智慧上，與揚松最接近。各方士人紛紛投在信陵君門下，時有「食客三千」之說。

我引「食客三千」概念詮釋揚松的友誼網，吾有所本，並非妄言。多年來我很注意揚松的「人脈存摺」，大約有五類。

這五類屬性不同的友誼圈圈，我以參加第一類組最多，十次聚會八次到，其他則較少參加，多年來常出現的朋友，列表如下，以名片基本資料為主（其他八卦不列，以保個人隱私）。

二〇一二年元月七日晚上，多位食客，邱雲來、吳明興和梁玫玲夫婦、吳家業、方飛白、筆者又在揚松的辦公室聚會聊天，揚松照例叫些簡餐進來，自己煮些貢丸湯，各種好酒無限暢飲。大家各舒高論，企圖把我們這種聚會賦予某種定義，經大夥討論綜合各家之說，提出十點意象和「邊陲核心圖」。

范揚松的「人脈存摺」概估
第一類：晚上在公司的朋友聚會 平均每月一次，一年打折十次。 每回約 10 人，打折 8 人，每年 80 人，10 年 800 人，20 年 1600 人次。
第二類：客家鄉親聯誼會 每年約 2 次，每次 10 餘人到數十人都有，以 15 人計 1 年 30 人，10 年 300 人，20 年 600 人次。
第三類：同學會、詩友會、各類聯誼會 估計人數亦多，因大多我未參加，但十年也不會少於數百人次。
第四類：瑞士歐洲大學碩博士班師生聯誼、文創協會聯誼 每季二次，每次約 50 人，年保守估計 400 人次以上。
第五類：臨時邀約一群朋友，出訪老友、文壇前輩等 每年多次，每次四、五人，全年度也不少人
結存（現狀）：超過信陵君的食客 3000 人（次）

大人物公司晚上聚會成員 （以至少來過一次以上，背景註記以最近名片爲準：）			
姓　名	背　　景	姓　名	背　　景
吳明興	詩人、作家、博士、教授	許舜南	國防大學戰院教授
梁玫玲	高中教師	蔡　芸	屏東民生家商校長、小說家
蔣湘蘭	大人物公司執行長，後出家	諶瓊華	敦煌舞團團長
吳家業	律師、業餘作詞曲歌唱玩家	張睿美	前瞻國際文化諮商師
薛少奇	光華雜誌總經理	林姿蓉	南華大學助理研究員
胡爾泰	詩人、教授、博士	謝增錦	行動智囊、專把人搞大
劉台平	兩岸台商雜誌社社長	畢源廷	尖端科技雜誌社總編輯
陳國祥	時報育才公司董事長、客委會委員	林楚安	中華藏友會、醫療協會專案經理
陳在和	上海超躍模具公司董事長	簡文哲	微星科技協理
丘美珍	台藝大教授、畫家	董益慶	自由新聞報總編輯
潘寶鳳	教授、大型節目主持人	薛　無	專業烘焙咖啡香草
邱雲來	博士、教授、董事長	藍照慶	健康王寶公司董事長
查台傳	中將、前金防部司令	宋秀蓉	生活藝術教育者
周喬安	大人物 MBA 學務經理	許文靜	台灣尖端生技公司高級顧問
鄭中中	漢文詩歌專家	馬中欣	探險家、旅行家
徐正淵	作曲家、仁仁藝術總裁	施沛琳	台北教育大學講師
曾詩文	大人物業務經理	曹　振	中小企業理事
邱榮舉	台大教授	莫紀東	鴻海經理
張漢傑	上海財經大學客座教授	張綺芬	聖桑公司董事長
徐夢嘉	畫家、上海台北兩地住	林一民	鶯歌清輝窯業者
傅明琪	安源資訊經理	劉三變	作家
陳湘陵	聯合報導記者	孔祥科	青雲技術學院教授、孔子 79 代孫
呂學文	立霧客棧董事長	曾進歷	台大教授、天使特攻隊製作人
楊璧睿	梅蘭公司執行總監	鐘志樑	科技公司執行董事
馮志能	教授、客家扶輪社社長	封玫玲	前自然美財務長退休
李國政	環球華報特約記者	鐘慧敏	珠寶鑑定師
黃丙喜	總經理、企業專家	劉國助	常春藤醫學美容研發製造
林素鈴	滋生公司總經理		

上表約有半數經常性參加，其他都數月出現一次，胡其德和陳在和有向核心挺進的態勢，而周喬安和曾詩文，是揚松公司兩大健將，也常參加聚會，也可算「核心份子」。封玫玲、許文靜參加頻次有上升之勢。老范綜合數年與朋友交往互動的感想，對於此來去自如各展才情的小團體歸納出「十點意象」是：

㈠野　店：每人來到這裡、交換人生的訊息方向，挫折與喜悅。

㈡平　台：每個人展示才華、能力及專業，尋求肯定。

㈢舞　台：不同專長、興趣，在這裡即興演出，盡情發揮。

㈣聯　盟：不求所要，只求義氣相互激盪與鼓舞，有事相挺。

㈤派　系：主流社會下的次團體，臧否人物時事，絕不嘴軟。

㈥跨　界：法律、政治、軍事、商業等各種不同領域科系，相互影響及吸納知識。

㈦變形蟲：無組織、架構，無主題，可由任何人召集。

㈧開　放：成員進入和離去都自由自在，參加與否自便。

㈨本　性：人人還我本性，真誠相見，率性表達，不矯情做作。

㈩定　點：以揚松公司爲中心，提供聚會所要條件（準備），但揚松不主導議題或場景。

此種聚會，揚松在〈時光逆旅〉一詩中有鮮活的描寫：

……………

（流離的韻腳，卻在酒的醇度裡
放蕩瀟灑，依然，傳唱江湖不已）

…………

星圖雖老，卻在等高線邊界找到
不打烊的野店，足跡凌亂卻可辨識
此去方向，甚至遠方凶險的消息
朋友，你能破譯我飲酒的姿勢嗎
春寒掩至，燒一盆時空的烈火
呼嘯火光中，夾配魚乾與笑話
向熙攘的身影舉杯，酒精濃度
不減反升，瓶口朝天頸子拉得好長
好長——齊聲向星子們吆喝、乾杯……

我從宏觀思索揚松這本「人脈存摺」，我的「邊陲與核心」和揚松有些差異，總說其五大題，以下九人（含筆者、揚松共十一人）為重要的核心成員，亦因有資料可以提供介紹，作為文本。包含吳明興、吳家業、方飛白、陳在和、胡其德、丘美珍、張夢雨、最後一位由我壓陣。

部分人脈揚松曾針對每個人特色，以極短詩三行方式有精準的描繪。

詩友速寫八則

1.**吳明興（詩人、教授、文學醫學雙博士）**

一只頭顱飛探蒼穹又專研黑海岩層，考證
右手冷拒躁鬱後現代，左手撥弄濤濤青史
總以憤懣目光燃向欲言又止的北宋的一禪

2.**陳福成（詩人，軍事家，國立空大教授）**

堅毅腳筋踏過魍魎沼澤，心碎於花飛花落
穿紅衫蓄怒髮千百丈，把肝膽裝置成炸彈
在凱達格蘭高聳墓碑前，不時——自行引爆

3.**胡爾泰（詩人、教授，國立師大文學博士）**

翩翩自古典國度歸來，踩踏平仄韻腳起舞
舞出異國風景，企圖自華爾滋旋律找尋愛
啊玫瑰呼叫浪漫名字，尖刺狠狠扎在手心

4.吳家業（**詞曲作家善朗誦，專業律師**）
一串串翻騰音符突擊夜空，星光紛然狂墜
墜落酒精濃度中酣醉，激越手勢鼓動海嘯
熠熠星子頓時從深谷底爬升雲頂，清醒著

5.方飛白（**詩人，旅遊作家，在中東十餘年**）
攀越杜拜塔頂，題寫每一朵雲的流離身世
伊斯蘭教堂裡，每一部可蘭經暗暗燃燒著
你瀟灑走過，用寂寞眼神擁抱離棄的身影

6.藍清水（**詩友，社會學者，任教於大學**）
在幽谷裡踩踏荊棘，向血的顏色追擊青春
然後在寂靜濤湧中，打撈一張張風霜的臉
從此，愛上這張臉更愛上江雪垂釣的姿勢

7.呂佩橙（**詩友，中學校長，教育學博士**）

吞噬斑駁經文之後，吐著燦爛千陽的思緒
在胸口反覆刺繡著日月星辰，並引燃火光
餘燼裡，用銀鈴笑聲呼喚遠方高飛的信鴿

8. 劉淑蕙（詩友，某協會秘書長，現養病中）

只讀一眼，瞳孔被猛烈意象擊傷而視茫茫
酸楚隱身體內流竄、啃咬，餵養二十年啊
詩的服用劑量漸增，相思種籽卻結晶成癌

揚松在台灣交友圈中不乏才貌雙全的女子，每位都有其獨特性，每次聚會都有美女倩影，必然激盪騷人墨客更多的詩作或現場才藝表演。揚松寫女性的詩不多，但都婉約動人，扣人心弦，有關懷、有憐愛、有祝福，茲摘錄部份詩句以共饗讀者：

1. 伍翠蓮（聯合百科電子出版公司負責人、總編輯）

人潮已散盡，擁別的體溫已微微了
家在他方，等待的門窗總是默默虛掩

斷續的煙雨，霧鎖斑駁青石板
腸道鳥徑蜿蜒自心中，秋意已濃

人在江湖，流離的跫音蹌踉踩踏
卻敲不醒一夜酩酊的記憶啊——
在敻遠天穹黯黯顯影，星起星落
天空黑沉而濃稠，潑來灑向——
涯岸的燈火，明滅著瘦瘦瘦瘦的想像——

——〈江南秋雨月九〉

2. 曾詩文（公司副執行長，創意產業協會執行秘書）

微醺的酩酊，搖擺著緩慢節奏
零散的韻腳又如何預約起舞翩翩
讓想像釋放吧！松山機場到深圳——
深夜轉進昆山再嚮往著嫵媚上海
在城市與城市輾轉，在床與床間
擺盪，在白日與黑夜邊界上迷惘
每一個流離失所的夜晚都顯現
朦朧身影，種子一般埋藏心底
暗暗發芽抽長，根鬚愈紮愈深愈——

緊緊抱住焦躁的心跳，風酸楚地說——
愛在心中，為何苦苦流放自己到天涯……

——〈在旅途中〉

3. **鍾慧敏**（北區同事，書畫藝術鑒賞家，客家鄉親）

回不到你的視線中，哎如此偏執的航行
一次次逼進侵入，又一次次飛離航道
隕石如雨崩落，響著億萬光年的迴聲
迴聲裏，我無法辨讀你晦澀歧義的腹語
整座星空已然傾斜，包括城市，山谷
季節以及流竄的慾望，我持續飛行
持續拍擊你我熟稔的暗語訊號
燃盡所有的光與熱，以G為中心
即使傾斜迴繞，即使錯身而過……

——〈以G為中心〉

4. **傅明琪**（詩友、歌唱家，統一便利關係企業客服經理）

調已成悲，在重巒疊嶂裡悠悠地
忽然自雲端傾瀉，崩落心嵌深處
飄蕩的音符，隱隱刺痛未癒傷口
灑脫吧！向星空訴說因緣種種

長長詠嘆絲帛聲，潛入皮膚
風起雲湧，心底浪濤拍岸
吹奏一曲深埋的纏綿與愛恨
林木鬱鬱，節拍撲擊著想像
雨勢則在奔逐中找尋自己的臉
墮落的韻腳，琤琮躍向天際線

——〈聽明琪引吭高歌有感〉

詩壇才子吳明興

——多領域雙博士學者

「磨劍」這首詩是范揚松於二〇〇五年七月，詩贈吳明興攻讀佛光大學文學博士。幾年後吳明興「磨劍」完成，取得文學博士學位，有接續「磨刀」，到大陸攻讀醫學博士，至今（二〇一二年）夏取得醫學博士學位。所以，今天的吳明興已非往昔詩人吳明興，他目前手握「倚天劍屠龍刀」——雙博士，已是某佛教大學的教授了。

往昔的詩人吳明興，在全球華文的兩百多家報章詩刊雜誌，發表過三千多首現代詩，論質論量，足以睥睨現當代中國詩壇。他是何方神聖？

吳明興，台中市人，民國四十七年八月四日生。啓蒙、頓悟都很早，十幾歲就有極高的藝術鑑賞力，此應屬特有之天賦。

民國陸拾陸年，入東方神學院宗教哲學系研讀宗教哲學。民國柒拾壹年受邀加盟葡萄園、腳印詩社。民國柒拾參年任《葡萄園》詩刊執行編輯，同年獲全國優秀青年詩人獎。作品以被選入百餘種文選、詩選、年度選，並被香港中文大學譯成英文，省立臺灣美術館製成畫展海報、在新加坡配譜成歌曲，並已被寫入多種文學評論專書及文獻。

自民國捌拾年拾壹月拾玖日任職圓明出版社總編輯、兼任華梵大學源泉出版社總編輯、如來出版社督印、中華大乘佛學總編輯。民國捌拾捌年柒月出任昭明出版社、雲龍出版社、知書房出版社、米娜貝爾出版社總編輯。民國玖拾年玖月，出任慧明出版集團總經理兼總編輯。

吳明興結束出版業務後，先到南華大學進修宗教學碩士，再到佛光大學取得文學博士，此其間重要學術論有《天臺圓教十乘觀法之研究》、〈天臺智顗學統研究〉、〈文學與文學出版品傳播通路在臺灣的出版現象綜論〉、〈華美整飭的樂章——論高準《中國萬歲交響曲》〉、〈鋤頭書寫的多重語鏡——再閱讀陳冠學《田園之秋》〉、《蘇軾佛教文學研究》等。

法律人吳家業

——業餘作曲作詞客家山歌吟唱家

認識家業兄至少有十年了，他和我目前同是范揚松「人脈存摺」中的核心成員，他也是揚松公司的法律顧問。據聞凡是他接手的官司，極少打輸過。

但我印象最深刻的事，是他唱山歌的神情，他很能「入戲」只要一開唱，他全身細胞就好像接「國民革命軍反攻大陸動員令」，瞬間能配合詞曲、神情、專注，有如在國家音樂廳面對千人之眾高歌，最近一次約在二〇一二年春，家業兄高歌一曲他自己作詞，徐正淵教授作曲的「時有墜花落胸前」，揚松即以嵌頭詩形式創成現代詩，詩爲「乍熱還涼後春天，明滅流螢渡身邊，擊火來看五月雪，時有墜花落胸前」。

這群朋友就是這麼可愛，那晚大家酒足飯飽之餘，把玩著「時有墜花落胸前」的各種聯想竟也玩的不亦樂乎！

家業兄作詞作曲已有行家水平，他的作品都以傳統詩詞呈現，有藝術歌的風格，不論寫情寫景，其佈局之妙，意象之鮮，說他是詩人、作家，真的是名實相合。可以算是法律以外的第二專長。

家業兄的世界是「二分法」的世界，明顯與他的法律人思維有些「衝突之美」，這是一首「二分法」的浪漫現代詩，「有時／我也是一把劍／劍刃對著敵人／也向著自己／殺不死敵人／就殺身／不飲血／不歸鞘」，他的書法氣勢如其人，鋒芒的劍，雪亮的刀。他的世界和我的潛意識世界有自然通道，或說他那調調與我同道，因爲我也是一個「二分法」的人。

流浪詩人方飛白

——永恆的流浪者方清滿

「送別」一詩是老友方飛白於二〇〇五年時，到卡達接任新工作前，朋友們在揚松公司聚餐餞行，所寫的一首送行詩，後收錄在揚松的第四本詩集《尋找青春拼圖》中。飛白兄因工作關係，數十年來旅居阿拉伯，到過阿拉伯世界所有國家，現代詩耕耘也有數十年，故有「阿拉伯詩人」和「流浪詩人」之雅稱。

飛白因爲長期在阿拉伯列國，但每隔數月總會回台省親休假，他必定會和我、揚松通報，我們便聯絡揚松「人脈存摺」中的好友聚會，把酒論道，以解鄉愁。如何介紹這位流浪詩人，他著詩集《黑色情畫：方飛白情詩選》中國開放後他的足跡亦遍及神州大地，曾任上海明揚燈具副總經理（1995-1997）、南京還墳工程副總經理（1998）、柬埔寨千乘三投資顧問公司管理部經理（2003-2005）。二〇一二年我最新拿到飛白兄的名片是「國際商務委員會主席」。

飛白兄久不寫詩，多年來大家只是聚會說些「酒話」，但「酒話」沒有「詩話」來的真實。欲窺知一個人內心的秘密，或解讀思想理念，只有好好讀他的作品，平時聊天那些鬼話、酒話只能當八卦聽。是故，要正確了解方飛白從他的詩作入門不妨拜讀其《黑色情話》詩集中的作品。

方飛白的詩裡藏著什麼秘密？他的「詩語言」說些什麼？「政大幫」的詩人有一句名言，「沒有女人和酒，就沒有詩。」這話準確度很高，印證方飛白更高，《黑色情話》詩及大多因女人而寫，他早過了天命之年，仍是當前最夯的「黃金單身漢」。他未婚，但身邊從未缺少過紅粉知己！

空中飛人陳在和

——我們來心靈對話吧！

寫本文時，我已有半年不見陳在和，握筆想像著在和兄正在幹啥！巡視他的工廠？他的名片印著「上海超躍模具有限公司董事長」，何謂「超躍模具？」我不懂。

我較有印象的事「上海超模」，不是上海超躍！

或者也可能正在對一群企業高階經理講企業課程，據揚松說，在和兄現在也是知名的企業講師，一門課好幾萬元，難怪這麼久沒回台灣，他一回來必定來台北與諸好友聚會，他正從「邊陲」向「核心」挺進。

在和兄是揚松的竹中同學，所以他們已是多年老友了，大學也是政大財稅，他的興趣是足球，不同於揚松的文學創作。這兩位一文一武，在和兄當政大足球隊長，像一位武將指揮官。政大竹友會中他擔任副會長。

在和兄並沒有壯的如一頭野牛，體型適中，人也斯文，頭頂有放光的「電火球」，像蘇貞昌的分身。走在上海街上，一定有人誤以為民進黨主席蘇貞昌訪問大陸。（按：蘇遲早要訪問大陸、民進黨遲早要丟了台獨這雙破鞋，不信等著瞧！）

在和兄後來又讀了台大管理碩士、瑞士歐洲大學企管博士，他和揚松等於是「同路人」。本章要介紹陳在和，但唯一可以做本文分析的，是他的一篇文章，「醉眼品讀《尋找青春拼圖》詩集：范揚松詩作中酒精的濃度分析」，這篇文章是在和兄解讀揚松作品，不完全合用，惟進行「去揚松化」後，我勉強與半年以上未見、目前人在上海拼經濟的在和兄，只能在空中來一場小型的心靈對話。

就在本書即將殺青，二〇一二年七月二十九日，卻在揚松主持的歐洲大學碩博士班研習聚會碰到在和兄，古銅色的肌膚顯得更古，想必在外打拼辛苦。餐後他要趕回新竹，聊了幾句，就望著他的背影消失在都市叢林，人生宴席的離散，竟如此忽忙迅速！

文史哲全能手胡其德

——浪漫唯美詩人胡爾泰

在揚松公司聚會的這群朋友，最斯文、最具才子相，且文史哲底子最硬的，應屬這位胡兄，且最有女人緣的大概也是胡兄，能即興賦詩又速度最快，還是胡兄。有好幾回，胡兄即興爲美女寫詩，徐正淵和吳家業都能譜曲，揚松、在和二兄的「政大幫」名言，「有酒有美女才有詩」，這種場景，胡其德在場必能即興現場演出，可見得胡兄的能耐，他是誰？

本名胡其德，筆名秋陽、胡爾泰，台南人，一九五一年生。一九七四年師大歷史系畢業，一九九〇年獲文學博士學位，通英、法、德、日、義、蒙古等諸國語言，以文化史和宗教史研究爲專業，一九九七年升任師大教授。

胡爾泰是兼具傳統與現代的文人雅士，喜好讀書，文史哲靡不涉獵；又好遊山玩水，治史之餘，兼寫傳統詩詞和現代詩，作品見國內各報章雜誌詩刊，偶爾從事翻譯工作和法文詩的析評。

胡兄曾周遊列國，考察研究治學等。一九八八到八九年遊學法國，九四年到德國進修，九七到九八年到荷蘭萊頓大學進修。所以，胡兄是先通中西文化，在經實證悟得西方文化之病。其旅遊足跡遍三大洋五大洲，若到月球有路可走，他明天就當背包客，走向月球。

他更勤於創作，胡兄八年內出版三本詩集：《翡冷翠的秋農》、《香格里拉》、《白日集》。二〇〇九年與詩壇前輩合出《花開並蒂》，同年九月，獲教育部文藝創作獎。二〇一〇年出版第五本詩集《白色的回憶》。

桃園畫家丘美珍

——采餘樓主人

「焚燒的旅程」是范揚松爲青年女畫家丘美珍寫的，附記還說明了丘美珍在現實生活碰到的困境，讓人對女畫家產生敬仰之心，難怪揚松一直很關心她。

桃園有二位知名藝術家讓揚松念念不忘，丘美珍是其一，另一位是瓷刻書畫家張夢雨教授。每回揚松邀眾好友到桃園，都是去看這二位，好像桃園沒有第三人可看。

幾年前我在辦雜誌，揚松拿了幾張丘美珍開畫展製作的 DM，請我在雜誌上刊出做廣告。揚松就是這樣一個人，凡是他認識的朋友，他總想到要用何種方式去幫助他。

丘美珍是誰？她是桃園知名的客籍畫家，出生年月日（保密），字之霖，別署采餘樓主人，獲有國藝大藝術碩士。

在我印象中，丘美珍的畫展我參觀過兩次，也曾在揚松台北的辦公室見過她一面，所以對話機會不多只覺得她年青、有活力、靜靜的、美美的，最近一次是范揚松邀約在二〇一二年去桃園看她的美展，私下聊得多一些。我驚訝的發現（感覺），她就像范揚松一樣，是一個「醒了的」客家人，她真的醒了，她對客家族群文化有使命感，在她的一份DM「客家采風」有這麼一段文字：

> 關心社會，走入人群，與鄉親同呼吸、同歡喜憂傷，令藝術家表現出來的創作，更具生命力的展現，希望能透過此次畫展的「尋根」，激發更多客籍子弟們來「紮根」，期望能為挽救客家文化，以筆傳情，以文傳意，略盡綿薄，但願在我輩的努力之下，客家文化能夠永續傳承，更加發揚。

瓷刻書畫名家張夢雨

——千巖競秀好風景．筆走龍蛇力穿石

通常朋友們到夢雨兄的畫室，他和夫人就先把好酒好菜擺開，天南地北的聊，直到喝的差不多了！夢雨兄開始運筆揮灑，我對畫「如夢如雨」只是一種「直觀」

感受，對於繪畫、書法（尤其狂草），我毫無概念，連基本常識也欠缺。是故，對於這位主角及其作品，我沒有「發言權」，更沒有評論權，只能引各家之說，讓讀者客倌能對夢雨兄有較深刻的理解。章副標題「千巖競秀好風景•筆走龍蛇力穿石」，亦借用揚松的「智慧財」，以彰顯夢雨兄的風華意象。范揚松的評論摘要如下：

經過三年半的努力，夢雨兄創作出更多書法與瓷刻精品，欲都爲一集發刊展出。逐一細細欣賞及體驗，感受這些作品更加成熟內斂，韻味雋永，有一份人生通透的瀟灑與率性，不拘泥章法卻錯落有序，得意存形。每件作品都是生命轉折的烈火焠鍊，每筆勾勒都是與萬物的精彩對話。因爲了解夢雨兄其人其義，擬依個人研究系統理論特性心得加以詮釋，期能爲觀賞者抽絲剝繭，一窺其堂奧。

首先，從整體性論之；夢雨兄作品整體佈局平穩流暢，不論字體版面都能相互呼應。

其次，從目的性而言；夢雨兄的作品有很強的設計性，不論空間的佈置呈現或大小寬窄。

第三，從層次性分析；夢雨兄的書法作品裡，段落的起承轉合，不論開頭到收尾都井然有序。

第四，自組織性分析；夢雨兄臨摹各碑帖法書，揉合諸家字體，隸篆楷草均已成繞指柔，取精用宏，自成風格。

第五，從相似性分析；除早年臨摹作品外，其餘作品不論書法、瓷刻、繪畫、治印均有其一貫形式與內容。

第六，從突變性分析；夢雨勇於開創各種素材創作，不論絲帛絹布，石頭瓷器，甚至家用器物，題寫的字體類型更是混搭成趣。

第七，穩定性角度觀之；夢雨兄未嘗停頓創作，專注書藝三十餘載而樂此不疲，雖涉及其他藝術形式，作品質量俱佳。

最後，我們從開放性綜論之，除政客小人不往來，夢雨兄在一定範圍內積極吸收外在資訊及其他藝術形式的元素。

揚松從系統的八個特性賞析夢雨的書法瓷刻成就，有一定的深度與廣度，但這是從夢雨的藝術生命歷程、轉折及處世價值觀來探討。常言文如其人，字如其心，夢雨創作的心智運作系統及轉意成象的渾沌歷程，均待有心人可進一步研究。

陳福成，台島軍魂與詩人

如何介紹我自己？基本資料著作參閱封面內扉頁及書末，不再贅述。目前在我的人際關係各類型圈圈，文、武、佛教各種聚會場合，對我有不同稱呼，正名以外有小名小意思、外號拿破崙、法名本肇居士。創作四十年用過的筆名也多，藍天（早年寫散文用）、鄉下人（翻譯恐怖推理小說用）、司馬千（小品用）、古晟（發表新詩、科幻小說用）、司馬婉柔（寫詩評用）等。

到目前爲止出版過的書大約七十多本，國防通職教科書約十幾本（大學、高中職軍訓用，有幼獅、龍騰、全華三種版本），戰略、兵法研究約十本，政治類（含兩岸關係）約十幾本，戰爭研究數冊，文史哲類概有數十冊，現代詩傳統詩集也有十本，小說（含翻譯）數本，旅遊、人物研究約十本，太多了，自己也弄不清，這是我的興趣，我的生活，這就是我，過著平淡簡單的寫作生活。

至於朋友們如何稱呼，詩人、台島軍魂戰略家（大陸方面稱）、作家、大作家（因爲，這麼多書）、教授，聽起來固然爽，但那些都是空名、虛名，色即是空，空即是色，我只是善加使用這具肉身，用到不能用便棄之、燒之，現在還能用，我便善用每一天。

興趣太廣泛，社交圈圈也有許多不同區塊。現在只論和揚松最有關係這塊。我自己很清楚，雖寫了幾十本國防、軍事、戰略、兵學研究專書，另有十幾本國防通識，叫那些高中職、大學的學生們讀用，但經典未出，稱我「戰略家」，是高估了我，這面子太大了，若我的作品能有如李德哈達、克勞塞維茨、孔明、孫子等，有他們幾分水平，或許有機會當「戰略家」；至於「台島軍魂」，我亦當不起，我自己認定我的軍旅生涯三十一年，初心的目標並未達成，如蔣公的「反攻大陸」政策，如夢幻泡影。（可詳見我另著《迷航記》）。

我或許只能說，我這「戰略家」、「台島軍魂」封號，是范揚松「製造」出來的，其「製造廠」正是位於中國台灣台北的羅斯福路上，大人物出版公司。

大人物公司晚上的聚會，之所以形成了「五人核心」，因緣於詩文，是一群詩人、作家，執著於自己的詩歌創作，把酒論情，展現每人的「絕代風華」，享受人生。

第十五章　期許再登生涯高峰開創絕代風華

本書的主角是范揚松，寫的是揚松的半生風華，但揚松今年也才不過五十幾歲，他的事業版圖目前雖已橫跨兩岸，現在的高峰絕非「最後的高峰」；他的文學創作拿過港台最高榮譽，他已出版了四本詩集，其文學成就亦絕非止於目前，他正在研訂「現代詩的系統論」，他最佳的經典之作或許正再出現；他的「人脈存摺」止於目前規模嗎？「三千食客」有多少尚未展現才華？……

他的客家論述、人生修練、中國經驗、失敗學、生涯成功學、他的瑞士歐洲大學中歐領袖學院、聯合百科、大人物管理顧問……相信二〇一三、一四……不出幾年的未來，定有不同的風貌，那是一種「絕代風華」。

如何才能邁向那樣的「絕代風華」？那是揚松的課題，他必須歸納、分析、反省往昔數十年的打拼經驗，再反思、再反省、再檢討，才有可能再進階、再昇華，再提升到更高的境界，這是我研究「范揚松現代詩論」、「范揚松生命史學」，到此的一個期許。揚松對於生涯經營下過一番功夫，做過數年的廣播及十二集電視錄影，可從中窺揚松的內在世界。

綜觀揚松生涯跌宕起伏，其中有危機、轉機與生機，他曾巡迴各地講授他的系統動力模式。在工商報連載也在媒體作成節目，這是他終極體悟？他建構這套成功／失敗學，或許也是對自己生涯作個總結吧！請看他的模式系統實踐的十三項修煉，可為建構他的人生。這十三項修煉可現為揚松三十年生涯實踐的精華與學思體系。

另外，「一個生涯學徒的祈禱文」深度反思，期許一個朋友再精進，總要給他一個「內省標準表」。揚松在《尋找青春拼圖》詩集書末，有十條項「上蒼祈禱文」。雖說向上蒼祈禱，實際上是一種自我要求，反省。下面先從揚松的十三項修煉讀起：

第一項修煉　預約全面性成功藍海

揚松深入探討「成功的內涵與報酬」，說明成功系統動力模式的十二個構成要素，成功的內外在條件有哪些，也解說成功者的意像，也特別探討成功與創造力的關係，期望在追求成功的路上好運連連，掌聲不斷，獲得生涯中七大領域全面性的均衡成功。在這項修練中，揚松講授大綱如下：

成功內涵報酬與五根支柱

1. 全面成功的信念之紮根與花開；
2. 生涯經營動力系統的要素與應用；
3. 成功的動力與報酬到底是什麼？
4. 有形物質金錢外，有哪些成功象徵？
5. 失敗與挫折如何面對與因應挑戰。
6. 有哪些內外在因素會影響成功與失敗。
7. 找到正確策略有效運用機會與資源
8. 發展成功自我意象需依靠五根支柱。
9. 運用創造力，紅海航向無人競爭藍海。

第二項修練　開創機運決勝未來

揚松分析「環境中的機會與危機」，他分析機會的類別與特徵，思考及評估機會的技巧。對於爭取機會的行動更要注意其中的風險與不確定，而對危機與威脅的防範、排除及降低，揚松一一提出實戰上的建議，其能掌握趨勢，決勝大未來，分析項目如下：

環境中機會與危機決勝未來

1. 機會與環境變動？人可否勝天？
2. 如何超越個人障礙爭取發展機會？
3. 機會的特性，類別與形成原因。
4. 機會思考，切入點與評估方法。
5. 評估機會與風險，干擾與威脅。
6. 爭取機會的行動策略與方法。
7. 如何事前偵測，分辨危機徵兆。
8. 避免風險性與不確定，並加以管理
9. 未來的新事物，新觀念與新機會。

第三項修練　引爆優勢勇敢做自己

揚松認為「評估自我、創造生涯優勢」，要分析自我資源條件的優劣勢，而且提出特長理論。對於可能的弱點的危機的調整，也將提出積極因應對策，同時將深入說明逆境商數（AQ）在追逐成功中的應用，這是成功學中獨創的見解，令人耳目一新，不妨從下列大綱中領悟：

自我資源評估開創新生涯做最好的

1. 認識自我，深入評估資源條件
2. 挖掘優點發揮「獨特長處」的優勢
3. 改善缺點，控制弱點轉化成功動力
4. 面對危機，發展積極處理危機態度
5. 危機處理中對自我資源評估的啓發
6. 自我失敗，自我毀滅心理與對策
7. 逆境商數（AQ）與挫折容忍異同
8. 逆境商數（AQ）構成要素及功能
9. 提升爲 AQ 引爆優勢勇敢做自己

第四項修練　打造目標激發前進的力量

揚松訪談成功目標的達成與激發，討論分享生涯中事業、家庭、人際、健康、財富、知識、心靈七大領域目標設定的考慮因素，目標之間如何相互支援，螺旋式地將願望——目標——信念——行動之間的關係提升，同時研究如何自力用三力。

成功目標的達成與激發前進力量

1. 因有夢想而偉大，因有目標而拼搏
2. 七大領域設定準則與均衡性
3. 有效排除、邁向目標間的障礙
4. 適時對目標進行盤點，檢討校正
5. 目標設定與積極行動力的展開
6. 全心以赴，不達目標絕不中止
7. 從目標中燃燒決心，激發想像力
8. 目標、信念、行動，自力用三力
9. 不同階級的目標檢討與成果測評。

第五項修練　開創生涯優勢策略

揚松結合企業談「成功策略擬定與競爭優勢」，包括如何有效組合與分配資源，如何擬定、設計及選擇最佳策略。而且提出生涯中各種低勝算、中勝算、高勝算的策略馬，並且說明換馬的時機，供諸位朋友快速成功開創新局面，這是成功學中策略思考的菁華，十分具有創見，揚松特別重視策略思考：

成功策略擬定與競爭優勢創生涯

1. 目標導向的策略內涵與效益；
2. 競爭因素探索與優勢之形成；
3. 策略形成，設計與最佳選擇；
4. 策略發展與三十六計如何相應；
5. 事業生涯發展策略設計與評估
6. 尋找高／中／低勝算的生涯策略馬；
7. 選馬相馬過程評估準則與技巧；
8. 追逐生涯成功，把握換馬良機
9. 生涯執行力與策略優勢發揮

第六項修練　鍛鍊常勝自我意像

揚松最爲強調「自我意像經營與外在形象」，他現身說法什麼是自我意像，它與成功之間的關係又如何呢？這是揚松專研成功學中最重要的發現。負面觀念、亦是會腐蝕自我意像，如何建立或鍛鍊勝利的自我意像，並將它轉化成爲成功的、卓越的自我外在形象呢？自我意象十分重視康復力與療癒能力。

自我意像經營與外在形象雙管看下

1. 發現自我意像與外形象的差異
2. 決定成敗的自我意像與經營步驟
3. 排除負面的意識、觀念與行爲
4. 掃除心理障礙，修復內心意像
5. 自我訓練培養或重塑自我意像
6. 以想像力，創造力喚醒內在意識
7. 追求內在意像與外表形象的平衡
8. 有效經營、積極、熱情自我意像
9. 支持自我意像運作的五根支柱

第七項修練　再造生涯成功大業

揚松談「成功方案的規劃與設計」有獨到的思路詳細說明方案制定的陪何條件

與造勢技巧，人事時地物如何有效納入方案要素中，計畫、執行、控制，三大過程如何環環相扣，而且提出執行過程中的危機與防範，最後，如何累積方案成果，創造最豐碩亮麗的成果。凡事豫則之，不豫則數！

成功方案的規劃與設計再造成功

1. 生涯方案規劃前題，假設與條件；
2. 方案之間確認輕重緩急優先次序；
3. 各計劃之間的輔助性與支援性；
4. 有效造勢爭取支持，超越阻力難題
5. 面對危機如何及早防範或臨機應變
6. 「計畫——執行——控制」確保目標達成
7. 有效制定並呈現方案，獲得支持
8. 自我意像經營須靠方案完善規劃
9. 如何執行方案，確保最終成果出現

第八項修練　廣結善緣倍增人脈

揚松最受觀迎的主題「九本人脈存摺與運作」，詳加說明關係發生的原理以及功能，特別提出人脈關係擴展策略、人際交往五大策略，此外，對於發展人脈網絡的不成文規定也詳細說明，最後以挖掘一口井的舉例，提供倍增九本人脈資源的寶貴建議。

九本人脈存摺與運作人脈商機

1. 講關係重面子，沒有關係找關係
2. 人際關係內涵，發生原理及條件
3. 由人際關係升級爲人脈網絡經營
4. 重視職場關係網路的效用與力量
5. 拓展人脈的障礙因素及誤區陷阱
6. 如何有效建立關係擴展人脈網絡
7. 關係深耕／水平／垂直／多角發展
8. 不同人際風格因應與處事態度
9. 發展網絡，打造九本人脈存摺

第九項修練　超級學習知識創新

揚松談「自我啓發與專業能力培養」有自己的創見，在知識急據折舊的時代哩，如何自我啓發，開發腦力資源，將成爲個人競爭力強弱的關鍵，包括如何閱讀書籍、報刊、資訊媒體，或者擴充人脈吸收新知都有精闢的解說，對於專業技能的有效學習，內化成直覺能力，再轉變成正確行動，都有獨到的見解。

自我啓發與能力培養、知識科技

1. 學習優先，知識創造生命自由度
2. 生涯階段學習力靠自我開發
3. 擴大閱讀有效閱讀一本書
4. 資訊叢林中知識的吸收與轉化
5. 知識學習與人脈網絡交相影響
6. 資訊分類管哩，分享與創新技巧
7. 化知識爲專業技能才會出人頭地
8. 管理人員如何自我起發知能成長
9. 化知識爲力量，轉化知識創財富

第十項修練　激發無限成就可能

揚松由淺入深「潛能激發，鍛練成功的直覺」，他將分享心靈的力量無核激發龐大的潛能出來，並引導心靈的力量如何運作積極、正面的情緒，吸引貴人相助。即使面對挫折失敗也能快速自我調適，最後解說「性能力」與潛能開發的關係，這是許多人的迷惑與好奇之處。

潛能開發鍛練成功直覺無限可能

1. 潛能開發不是集體催眠的把戲
2. 善用心靈想像，讓思考成爲真實
3. 激發成就願望，建立強烈自信心
4. 營造正面積極情緒，超越負面情緒
5. 如何調整生理狀態及解決心靈束縛
6. 借力使立開發潛能，建立優勢團隊
7. 面對失敗，挫折，堅強地自我調適
8. 有效培養決策果斷力與堅持的毅力
9. 運用性能力轉化積極潛能開發力量

第十一項修練　掌握良機積極行動

揚松強調執行力就是競爭力「展開積極行動，邁向成功」。教導如何克服拖延的藉口，抓緊行動方向，有效管理時間，而且排除一切的行動障礙，向目標挑戰，同時在面對艱難時能尋找激勵的力量，防範可能的危機與潛在問題，這部份揚松在日常實踐中，精進不已！

貫徹有成果的執行力與行動力

1. 自我實現，築夢踏實的條件
2. 恐懼挫折失敗心理，如何突破
3. 推託延滯的惡習，如何終結藉口
4. 行動之前，如何擬定目標與計畫
5. 行動過程中有效管理時間進度
6. 快速排除干擾障礙，超越逆境
7. 如何尋找支持激勵與鼓舞力量
8. 百鍊鋼成繞指柔的直覺判斷力
9. 執行過程中的危機防範與問題解決

第十二項修練　熱情鼓舞衝！衝！衝！

揚松重視行動裡與反思，因此「成敗的評估與再創高峰」，他將分享衡量成敗的指標，成功光環下會出現那些陰影，面對要如何自我調整、持盈保泰？揚松將進一步談到如何自我盤點中找到自我的價值與信心，我們期待您能常在成功嶺峰上展現生命的風采，能均衡地達到七大目標，記成功又快樂，既快樂又幸福。

成敗評估與再創事業生涯高峰

1. 什麼是成功？衡量成功的指標
2. 什麼是失敗？失敗中學習教訓與啓發
3. 減少失敗次數與預防失敗的方法
4. 巔峰往往是失敗的開始、小心！
5. 成功不驕狂，如何調整持盈保泰
6. 達到成功高逢，自我調整向後退
7. 坦然面對成敗，提升自我品質形象
8. 反省中精進，檢討中找出自我價值

9. 自我實現與巔峰經驗相互支撐激盪

第十三項修練　反敗求勝再創高峰

揚松鑽研成功學後，經過五年的實踐發現有此成功學更重要的課題，即「失敗學」，因此他又結合文獻、案例及自己刻骨銘心的生涯挫敗的教訓，展開對失敗的深入研析，他將失敗視為成功的種子及養分，運用更謙卑的心態吸收自失敗中積累的智慧，用在事業生涯上都有可觀的成果，值得仔細深究。

失敗分析、防範與建設再出發性行動

1. 生涯階段的可能陷阱與亂流
2. 重新詮釋失敗找出可能原因
3. 運用AQ，展開建設性行動
4. 預防失敗的方法與技巧運用
5. 重新啟動：敢求天下無難事
6. 重新啟動：蛇打七吋抓問題
7. 重新啟動：累積經驗和知識

8. 重新啓動：運用資源借力使力
9. 重新啓動：奮力一博小勝大贏

內省、檢討、再進階的逐項檢查表

揚松在《尋找青春拼圖》詩集末刊出「一個生涯學徒的祈禱文」，有令人深思的含義，值得一書，這份祈禱文是揚松五十年生命的追求與結晶。

我以十條祈禱文爲基，分解每條相關檢查細目，共得三十個分項（如表），方便揚松進行自我檢查，每一分項往昔如何？現狀如何？未來如何？如何改進？有多少精進空間？這些提問在范揚松可見生涯中的薄弱環節，加以鍛鍊精進！

21世紀范揚松開拓新版圖所必須內省、檢討、精進各分項

項	范揚松的十項祈禱文（《尋找青春拼圖》書末）	再反省、檢討、精進分項
1	上蒼！請賜我對於社會理論、哲學、原則相當的洞察力與理解力，能週密而邏輯地去思考，堅決不受威勢力量所左右！	1. 洞察力、理解力、能否再精進？ 2. 都能週密而邏輯去思考？ 3. 確實不受威勢力量左右？
2	上蒼！請賜我對於是非善惡、本末緩急，智慧地衡量與抉擇能力；能做多久度探討，自信的不人云亦云！	4. 是非善惡都能衡量？如何量？ 5. 所抉擇都合乎是非善惡標準？ 6. 始終能多角度探討否？ 7. 確實不「人云亦云」？

3	上蒼！請賜我洞悉社會趨勢主流、副流與暗流的能力，並信任自己的判斷，謹慎地掌握契機，實踐公理正義！	8.看到多少主流、副流、暗流？ 9.判斷有多少正確？ 10.凡有契機，都謹慎掌握嗎？ 11.實踐了多少公理正義？
4	上蒼！請賜我依據歷史經驗，洞燭機先的能力，以及預測未來，高瞻遠矚的眼光，能持續地擴大見樹又見林的視野！	12.歷史經驗確定看到了嗎？ 13.分析整合能力，尚有進步空間否？ 14.高瞻遠矚的眼光目前達到何種境界？
5	上蒼！請賜我看透視間共相與殊相，實然、慨然、應然、所以然，不斷地鍛鍊分析與整合的能力！	15.世緘的共相，殊相都看見否？ 16.實然、概然、應然、所以然，也看的清楚明白否？ 17.分析整合能力，尚有進步空間否？
6	上蒼！請賜我深入瞭解別人心理需求與行動傾向的能力，能協調人際關係、磨練待人處事的藝術與技巧，理智地安排事物！	18.別人的心理需求都了解否？ 19.面對21世紀，協調人際關係是否更困難？如何精進？ 20.待人處事還能有更高境界否？
7	上蒼！請賜我知道如何做最佳的決策，如何支配時間善用精力，如何化繁爲簡，圖難於易的能力，使我有效地達成目標！	21.時間、精力運用，尚有改善空間否？ 22.往昔決策都最佳嗎？未來如何？ 23.大、中、小目標，那些未達成？
8	上蒼！請賜我察見隱微及解釋因果的能力，能以義正詞婉，理直氣和態度，熱情地對人演說、與人談判或溝通！	24.公司、部署有你所不知否？有些事不知不覺，推不出因果。 25.與人談判溝通是大學問，有新方法可用否？
9	上蒼！請賜我吸收專家知識，尊重別人經驗，採納賢者灼見的能力，能感恩地將別人的體悟轉化爲自己人生抉擇的之智慧！	26.別人的經驗都尊重嗎？ 27.賢者意見卻能採納否？ 28.目前你的知識都夠「深」嗎？
10	上蒼！請賜我具體的行動力，將自己對這塊土地與人民的關懷化爲行動，讓我勇於挑戰威權，表達自己並且活出尊嚴，創造希望，追求成長！	29.對土地和人民的關懷，是否可能有更大更多的具體行動。 30.是否確實有志，在21世紀創造更大的「餅」。

人非聖賢，人有惰性，所謂「學如逆水行舟，不進則退。」乃平常大家知道的平易之理，但「最偉大的真理，就是最簡單的道理。」人想要有進步，想要有一番事業，必須惕勵自己、勉強自己、變革自己、反省自己，才有可能向更高層次邁進，絕非嘴巴說說，搖搖筆桿就能成功立業！實踐是檢驗真理的惟一標準，揚松在創作上事業上生涯上要「知行合一」，這份檢視表是時刻可作爲提醒，勉勵之用。

這半生以來，揚松努力扮演一個范氏家族的成員，並以復興客家文化爲己任，傳承先祖范仲淹「先天下之憂而憂，後天下之樂而樂」的精神；他展現他的才華，成爲現代文壇上一個異樣的「企業家詩人」；在他的本業，他成爲當代華人管理名師之一，應邀中港台星馬泰授課，開展一方企業顧問王國，在「紅海」、在「藍海」，他都揮灑自如倍受產官學術的肯定。

但是，面對未來，台灣在變、兩岸在變、全球在變、希望這份「內省、檢討、精進」的三十個分項，有助於他邁向未來時，再進階的一些思維。

我們喜歡他的爲人處事風格，佩服他的知識事業的發展，也讚賞他的現代詩創作的表現，期盼揚松百尺竿頭更進一層樓！

用他的成就證明成功系統動力模式的有效！最後在寫完總結收尾，赫然看見揚松二十餘年前詩集「木偶劇團」的序詩，正可完整歸納本書中的論述；揚松的形像與內涵，有中諸則形於外，替本書作最佳註解，請讀者細細品讀〈請你讀我〉三十年來一貫的豪情：

請你讀我，努力讀我

翻掀封面，我便裸向你
裸向風雷山澤，天地節候
躺臥成一排排，黑黑的鉛字
或不如詩經之馥郁質樸
或不如哀郢之典雅淫麗
倒有些超現實的晦澀與靈巧

請你讀我，耐心讀我

醉時，我周旋豪俠賓客
醒時，我營建巨塔千層
憑著詩情去迎迓萬般風景
若永遠採集消息而旋轉的風車
旋乾轉坤，進出有無間
我的彊土不設限，不設防

最後，可能縮隱於你的體腔
成為噬你溫柔你的絕症

請你讀我，仔細讀我

這兒沒有雕塑品作虛飾
裡裡外外卻有疤痕和笑聲
也許是一則傳奇，夾著諷喻
也許是我學俠學儒後，脈絡中
埋伏的濤濤血流與悲情
雖然如此，我仍會有小小羞澀
因為出版自己，是初版也是絕版

—全書完—